事例で解決！

SCMを成功に導く需給マネジメント

キヤノンITソリューションズ株式会社 R&D本部 数理技術部［編］
五島 悠輝・多ヶ谷 有・永井 杏奈・八鳥 真弥［著］

Supply Chain Management

日刊工業新聞社

はじめに

　ビジネスの世界では、独特の言葉や略語があります。本書のタイトルにある「SCM」は「サプライチェーン・マネジメント」の略です。簡単に言えば「原材料から商品が生産され消費者の手に渡るまでの一連の流れ（サプライチェーン）」を「無駄なく流れるよう効率的に管理（マネジメント）すること」を指します。1980年代にアメリカで生まれた概念ですが、2000年代のITの普及により日本でもSCMの考えが広まり、システムの導入も進みました。社会人の方や、経営学や経営工学などを専攻される学生の方には、なじみがあるかもしれません。

　タイトルのもうひとつにある「需給マネジメント」とは何でしょうか。需給は「需要」と「供給」のことで、各社は「需要」と「供給」のバランスを「効率的に行うよう管理（マネジメント）」していくことが大切であると考えます。サプライチェーンは複数の企業が異なる役割を担っており、特定の1社の行動だけで全体が改善とはなりにくいですが、各社が需給を効率的になるようマネジメントすることで、結果的にサプライチェーン全体の改善に効果があります。

　先に述べたITの普及により、特に基幹系のシステム導入が進み、日々の入庫・出庫・在庫の実績をはじめ、SCMに必要な様々なデータを取得できるようになりました。取得した情報をもとに、どのようにモノの流れをコントロールするかの考え方や、イレギュラーが発生した場合にどう対応するかを決めるといった業務の仕組みづくりが、より重要となっています。

　一般的に、SCMに関する書籍では、理論や考え方を体系的に説明したものが多いですが、本書ではSCMの様々な問題を、様々な業種でのケースに落とし込み、具体的な課題および解決方法を説明していきます。
　筆者らが所属する部署の名前にある「数理技術」とは、解決したい問題について、数式を用いてモデル化し最適解を求める技術です。学術的には「オペレーションズ・リサーチ」と呼ばれますが、学問でありながら実践との懸け橋となってこそ価値がある、という特徴があります。約30年にわたり、様々な業界の企

業様へ、SCMや需給計画業務における問題に対して、コンサルティング、業務改善、システム導入といったアプローチでソリューションを提供してきました。その中で各部員が経験した様々な問題例からピックアップし、時にはリアルな描写も交えながら、紹介していきます。解決策も、理論をベースとしつつも、人の考えやすさ、扱いやすさを優先したようなものもあります。

　SCMに関する業務や需給計画業務に従事する、若手から意思決定者（経営視点を持つ方）まで幅広い方にお伝えし、SCMの理解や、面白さや難しさを感じていただきたいです。初学者の方でも理解しやすいように、全体的に平易、会話調の表現も含め、なじみやすい書き方とした一方、管理者やマネジメント層の方にぜひ知っていただきたい専門的な問題解決方法も記載しています。

　すでにSCMの業務や改革に取り組まれている方にとっては、1つ1つは当たり前と思われることもあるかもしれません。しかし、本当にその当たり前が常にできているでしょうか。できていないのならば、なぜできないのか、取り除くべき障壁は何でしょうか。日々のお忙しい業務の中で立ち止まって確認するきっかけとしていただければ幸いです。

目　次

はじめに………………………………………………………………… 1

第1章　SCMと需給マネジメント

1-1 SCMとは　〜SCM全体像〜……………………………………… 8

1-2 需給マネジメントとは　〜需給マネジメントの概要〜 ………… 14

第2章　需要予測／需要計画における課題と解決策

2-1 新商品の需要予測は職人技？　〜需要動向を随時チェック〜…… 28

2-2 リニューアル品はどれだけ売れる？
　　　〜旧製品の実績を使った予測方法〜………………………… 33

2-3 キャンペーン中は複数商品に分身
　　　〜通常品と期間限定品の計画はあわせて考える〜…………… 38

2-4 オプション品はどれだけ必要？
　　　〜製品本体の需要を用いた予測方法〜……………………… 43

2-5 今月の期間限定おすすめメニュー
　　　〜レシピ展開による原材料予測〜…………………………… 48

2-6 街の自転車屋さんと直営ECで売れ方が違う!?
　　　〜需要傾向に応じて予測単位を適切に分割〜……………… 54

2-7 天気と需要は気まぐれ
　　　〜需要に影響を与える要因を考える〜……………………… 59

2-8 取引先が増えたり減ったり
　　　〜最小単位で考える〜………………………………………… 64

2-9 ある日突然、大人気
　　　〜SNSやPOSデータから「バズり」に気付く〜 …………… 67

2-10上手く活用できない特売情報
　　　〜部門間で情報連携ルールを決める〜……………………… 73

2-11その出荷実績、需要予測に使えますか？
　　　〜異常値を見つけて補正する〜……………………………… 78

3

第3章　生産計画における課題と解決策

3-1 そんなに一気に作れません！
　　〜余力がある時期に前倒し生産〜 ………………………… 88

3-2 現場の苦労を知らない計画マン
　　〜在庫バランスと生産効率はトレードオフ〜 ……………… 93

3-3 そのまま出荷？ 組立に使用？ 半製品の管理
　　〜出荷分と組立分の合算〜 …………………………………… 97

3-4 資材はいつ、いくつ必要？
　　〜BOM展開による資材の所要量計算〜 ………………… 101

3-5 どれだけできるか作ってみないと分からない？
　　〜歩留を考慮した原材料調達〜 ………………………… 107

第4章　発注計画における課題と解決策

4-1 少量発注お断り　〜最低発注数を満たすように前倒し〜 ……… 116

4-2 いつ、どれだけ発注すれば良いの？
　　〜コストが最小となる発注タイミングと数量〜 ………… 120

4-3 複数社からの仕入れは大変！
　　〜自社の特性に合わせた選定方法〜 …………………… 125

4-4 この前の発注分、いつ届く？　〜発注残を正しく管理〜 ……… 129

4-5 部長！ その発注、ちゃんと確認してくれましたか？
　　〜承認プロセス構築で発注ミスを防ぐ〜 ………………… 134

4-6 グローバルなサプライチェーン
　　〜長いリードタイムへの対応〜 ………………………… 138

第5章　移動計画における課題と解決策

5-1 トラックの荷台が溢れたり、スカスカだったり
　　〜輸送能力に収まるように負荷調整〜 ………………… 144

5-2 倉庫が一杯です　〜倉庫のキャパシティ制約への対処法〜 …… 150

5-3 あっちの倉庫は在庫過剰、こっちの倉庫は在庫不足
　　〜在庫を保持する場所と数量の適正化〜 154

第6章　在庫管理における課題と解決策

6-1 迫りくる出荷期限　〜出荷期限を考慮した計画立案〜 162
6-2 許されないロット逆転　〜ロット逆転発生のメカニズム〜 166
6-3 今、出荷できる在庫はいくつ？
　　〜使える在庫数を把握する〜 170
6-4 VMIは責任重大
　　〜サプライヤーと顧客の協力による在庫管理〜 174
6-5 本社からは見えない店舗の冷蔵庫
　　〜店舗在庫データの収集と活用〜 179
6-6 在庫入れ替えにつき半額処分
　　〜売り減らしで過剰在庫を削減〜 184
6-7 豊富すぎる品揃え　〜ABC分析で在庫管理を効率化〜 188
6-8 面倒だけどやらないといけない棚卸
　　〜棚卸を効率化するポイント〜 192

第7章　これからの需給マネジメント

7-1 今後取り組んでいくべき課題①
　　〜持続可能なサプライチェーン〜 200
7-2 今後取り組んでいくべき課題②
　　〜カーボンニュートラルとグリーンSCM〜 203
7-3 今後取り組んでいくべき課題③
　　〜急速に変化する現在の市場〜 207
7-4 今後取り組んでいくべき課題④
　　〜人口減少社会におけるリソース不足〜 210
7-5 今後取り組んでいくべき課題⑤
　　〜SCM人材育成〜 213

7-6 SCM課題の解決に有用な新技術①
　　　〜AIを活用した計画精度向上〜 ················· 216
7-7 SCM課題の解決に有用な新技術②
　　　〜リアルタイムデータを活用したスピーディーな対応〜 ···· 221
7-8 SCM課題の解決に有用な新技術③
　　　〜自動運転・ドローンを活用した物流リソース拡大〜 ······· 224
7-9 SCM課題の解決に有用な新技術④
　　　〜デジタルツインを活用したVUCA時代の
　　　サプライチェーン最適化〜 ····························· 228

おわりに ··· 233

リアルすぎる需給辞典

- SCM ··· 26
- 需要予測／販促／販売計画 ······················· 83
- 安全在庫／欠品／タイムフェンス ················ 111
- MOQ ··· 142
- 全体最適 ··· 160
- 在庫／在庫引当 ··· 196
- 製販調整会議 ·· 232

第 1 章

SCMと需給マネジメント

01

1-1 SCMとは

SCM全体像

「サプライチェーン」とは「原材料から商品が生産され消費者の手にわたるまでの一連の流れ」を意味します。

ある人が商品を欲しいと思ったとします。その要求を受けてから生産者が商品を作り、直接届けるようにすれば、無駄がないように思われるかもしれません。しかし、商品を生産するには原材料を調達する時間、加工して生産する時間、そして届ける時間と、何日もの時間がかかります。さらに、多くの人から要求が発生すれば、生産には待ちが発生するでしょう。

サプライチェーンでは、生産者から最終消費者の間で、複数の企業が倉庫に在庫を持ちながら、生産や倉庫間の輸送を行います。日本では、原材料メーカーから製造業者・卸売業者・小売業者という4階層で連携されることが一般的です（**図1.1**）。製造業者は原材料メーカーから原材料を調達して製品を生産し、在庫として保管します。卸売業者は製造業者から製品を商品として仕入れ、自社の在庫として保管します。小売業者は、卸売業者から商品を仕入れ、自社の倉庫に保管、または店舗に陳列します。こうすることで、最終消費者は必要になったタイ

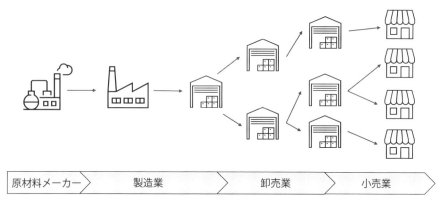

図1.1 サプライチェーンの例

ミングで店舗に行けば、すぐに手に入れることが可能です。

　最近では、最終消費者が店舗へ行くのではなく、インターネット上のショッピングサイトで注文することで、卸売業者や小売業者を通さずに入手することもありますが、生産者から消費者へ直接繋がることはほとんどなく、在庫を保持する場所が1ヶ所以上存在します。

SCMとその歴史

　サプライチェーン上で、**効率的に無駄なくスムーズに商品が流れるようにする**ことを「サプライチェーン・マネジメント（Supply Chain Management：SCM)」と呼びます。

　SCMの概念は1980年代にアメリカで誕生しました。それまでも、各企業で自社内の物流や倉庫の管理といった効率化の活動は行われていました。しかし、SCMは各企業の繋がりを含めて全体を最適化することで、個々の企業も最適化されるという点が画期的な考え方とされました。

　「グローバル化」という言葉は日本経済においても長い間使われていますが、現在でも世界中の様々な国が経済的に発展し続けており、それに伴い生産や物流網も拡大し、消費者も国内にとどまらないケースが増えています。数多くの品が多くの人の手にわたる世の中になり、企業としてはいかに市場に安定供給し、利益を上げるかが求められています。

　一方で、利益を上げるだけではなく、SDGs（持続可能な開発目標）のような持続的な目標、企業の社会的責任、パートナー企業との共同成長など多様な考え方が急速に広まっています。自社の利益を最優先し、周りの企業に迷惑をかけるような経営をすれば、国内だけでなく国際的にも厳しい目で見られるでしょう。

　各企業が無理なく、無駄なく、モノを作って届けるということを目指すということは、もはや当たり前のこととなり、つまりSCMの目的と一致し、その重要性が増しています。

SCMの難しさと需給マネジメント

　SCMの難しさは、ある程度先の未来を見据えて行動しなければならない点にあります。製造業者は、何がどれくらい売れそうか予測して、原材料を調達して生産します。卸売業者は小売業者からの先々の要求に備え、在庫を定期的に仕入れます。同様に小売業者も、いつ最終消費者が店舗に買いに来ても良いように需

要を予測して在庫を確保します。それぞれの意思決定者にとって先々の予測が当たっていれば問題ないのですが、予測は外れることもあります。

　外れの要因の多くは、予測できない未来の変動要因です。例えば、商品がメディアで紹介されたり、ブームが起きたりすることで需要が急増することがあります。一方で、ブームの終息や競合商品との競争などの要因により需要が減少することもあります。こうした情報を事前に把握し、需要の変動を正確に予測することは困難です。

　想定以上に需要が増えれば、在庫が不足して出荷できない状況になることがあります。本来得られるはずだった利益が得られず、機会損失となるだけでなく、信頼の喪失に繋がることもあります。小売業者としては、品切れが頻発すれば、最終消費者は別の店に行くようになってしまうかもしれません。同様に、卸売業者や製造業者も要求通りに出荷できない状況が続けば、取引先が他社に乗り換える可能性もあります。

　では、絶対に欠品しないよう在庫をたくさん持てば良いかといえば、そうでもありません。製品を生産したり、商品を仕入れたりするには資金が必要です。在庫が出荷されれば現金になりますが、在庫が増えている状態ほど手元のキャッシュは減ってしまいます。次の生産や仕入れが十分にできなくなったり、企業を維持するための費用を賄えなくなったりするなどの問題に繋がる可能性があります。

　さらに、食品など出荷期限のある商品では、長期間在庫として持ち続ければ出荷できなくなり、最悪の場合は廃棄することになる可能性もあります。また、出荷期限がない商品であっても、ニーズの変化により競争力を失い陳腐化し、販売が難しくなるリスクもあります。

　SCMは、一連の流れで全体として無駄が出ないように最適化を目指すための考え方であり、複数の企業が協力して効率化することを目指します。しかし、個々の企業は他社の行動まで完全にコントロールできません。

　そこで本書では、**各企業は自社の意思決定の及ぶ範囲の中で、需要と供給を最適化する「需給マネジメント」が重要**であると提唱します。自社の需給マネジメントを主体的に行い、その上で、サプライチェーンで繋がる企業と密な連携を図るという、両方の要素が必要と考えます。「1-2項　需給マネジメントとは」で詳細を解説します。

10

需給計画は1回限りでない計画

未来の需要を予測し、供給の計画を立てることを「需給計画」と呼びます。需給計画には3つの要素があります。
- 供給・入荷（Production・Purchase）
- 需要・出荷（Sales）
- 在庫（Inventory）

これらの英語の頭文字をとって「PSI」や「PSI計画」と呼ばれることもあります。PSIのうち、とりわけ重要な要素は需要「S」です。需要は自社では制御ができないので、予測しなければなりません。需要に応じて在庫「I」が減少していきますが、在庫が多すぎず少なすぎず、適正に維持されるよう供給「P」を計画します（図1.2）。

製造業者であれば生産、卸売業者や小売業者では仕入れや輸送の手配を行います。時間がある程度かかるので、入荷するまでの期間でどれくらい在庫が減るかという予測をもとに、供給量を決定します。

ところが、需要の予測は完全に当たることはありません。予測より出荷が少なければ在庫が予定より増えるため、次の供給は抑える必要があります。逆に予測より出荷が多ければ、次の供給は増やす必要があります。このように、モノが届くまでの時間を考慮し、少し前の時点で意思決定しますが、その間に発生する誤差が次の意思決定に影響を与えます。このようなサイクルが繰り返され、**誤差の**

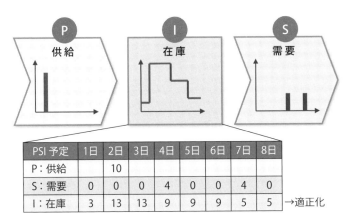

図1.2　PSIの適正化

影響が積み重なる中、常に在庫を適正化するために計画を制御することが必要です。

SCM における IT・システムの助け

SCMにとって重要な要素は情報です。基本的に需給に関する情報は各社内で閉じられており、通常連携されるのは注文情報のみです。企業間で情報を共有することで計画精度の向上に繋がることがあります。

共有する情報の例として、「POSデータ」が挙げられます。日本語では「販売時点情報管理」と訳される通り、最終消費者に何がいくつ売られたかの需要情報です。最終消費者と繋がる小売業者が取得しますが、上流の卸売業者、製造業者に共有されることもあります。

製造業者は通常、卸売業者の出荷要求に従い在庫を保持しますが、その先の最終需要でどれくらい売れているのかが分かれば、本当にその量を信じて良いのかどうかを判断することができます。さらに、別企業の持つ倉庫のPSI情報を取得できるケースもあります。下流拠点での在庫が多いので、先々の注文は少なくなるかもしれない、といった推定も可能です。

需給計画を立てる上で、現在の在庫と将来の予測をもとに、いくつ必要かという計算は、机上やExcelなどで行えます。しかし、多くの商品を多くの拠点で扱う企業ほど、PSIの実績予定情報は膨大になり、必要数の計算量も多くなります。

日本では、2000年代にSCMを目的としたIT化が進み、多くの企業で需給計画業務の改革、システムの導入による計画の自動化が進んだと言われています。情報が増え、最新の情報を迅速に取得できるようになったはずですが、それによって需給計画が簡単になったわけではありません。情報が増えたものの、それをどのように活かすかは難しく、より高度になってきています。我々が数多くの企業でSCMや需給のコンサルティングを担当するのは、システムを導入するためではありません。システムを導入した後、**需給の情報を把握しやすくし、計算しやすくする方法や、その情報をもとにどのように計画を立てるべきか**を確立するためです。

そのために、需給の問題の本質を理解し、どのような手法が必要なのか、そしてシステムの手助けが必要ならば何をさせたいのかといった点を見極めることが、SCMを成功に導くカギになると考えます。

第1章　SCMと需給マネジメント

- SCM（サプライチェーン・マネジメント）とは、生産者から消費者まで、無駄なくスムーズに商品が流れるように最適化することや、その手法を指す
- SCMは複数の企業が携わるが、各企業が自社内での需要と供給を最適化する「需給マネジメント」を行うことが重要
- 需給計画（PSI計画）では先の需要を予測するが、誤差が在庫に影響を与えるため、在庫が適正になるように計画を制御することが求められる
- 情報収集や、多くの商品の計画を迅速に行うために、IT・システムによる助けが有効だが、それらを使ってどのように計画を立てるか、管理するかの「やり方」を確立することが大事

1-2 需給マネジメントとは

需給マネジメントの概要

　需給マネジメントとは、顧客に製品を円滑に供給するために、需要と供給の数量を計画・調整する管理活動です。ここで需要とは、製造業者や卸売業者であれば販売に伴う在庫拠点からの出荷、小売業者であれば店頭における販売を指します。また供給とは、製造業者であれば生産や自社内の倉庫間移動による入庫、卸売・小売業者であれば仕入れによる入庫を指します。適切な需給マネジメントにより、コストや在庫を極力抑えつつ、顧客満足度を高めることができます。SCMが、原材料の調達から製品の製造、販売、配送まで企業間にまたがる全体的なサプライチェーンの最適化を目的としているのに対し、需給マネジメントは企業内の製品の需給のバランスを取ることを目的としています。需給マネジメントはSCMの一部ということができます（**図1.3**）。企業内に限定したSCMであることから需給マネジメントのことを企業内SCMと呼ぶこともあります。図1.3では製造業者の需給マネジメントを示していますが、サプライヤー、卸売業者、小売業者でも、それぞれ需給マネジメントが行われています。

　需給マネジメントは以下の6つの要素から構成されます（**図1.4**）。

①**需要計画**

　過去の販売実績、市場動向、需要に影響を与える外部要因などを考慮して、将

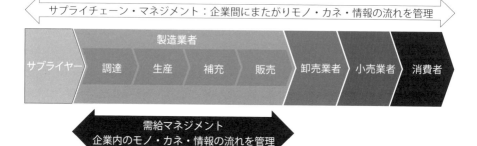

図1.3　サプライチェーン・マネジメントと需給マネジメントの関係

来の需要を予測します。需要予測に経営方針、営業部門の販売施策など加味することで、需要計画を立案します。

② **生産計画（発注計画）**

需要計画に応じて、在庫レベルを考慮して必要な生産量（生産必要量）を算出します。生産必要量をもとに、生産能力、生産可能タイミング、生産効率などを考慮して生産計画を立案します。自社で生産しない製品の場合は、需要計画に応じて在庫レベルを考慮して必要なサプライヤー（委託生産先）への発注量を決定します。

③ **調達計画**

生産計画に応じて、原材料の在庫レベルを考慮して原材料の調達計画を立案し、サプライヤーに発注します。

④ **補充計画**

在庫拠点が複数ある場合は、在庫拠点別の需要計画に応じて、拠点別の在庫レベルを考慮し、在庫拠点間の補充必要量を算出します。補充必要量に補充能力、補充可能タイミング、補充効率などを加味して補充計画を立案します。

⑤ **需給調整**

各計画と実績が大きく乖離していないかを監視し、問題発生時には計画変更や緊急対応などの処置を講じます。

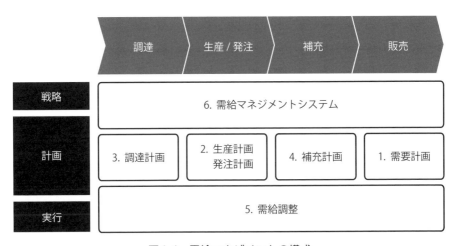

図1.4　需給マネジメントの構成

⑥需給マネジメントシステム

①～⑤の需給計画・調整業務を継続的に改善するための仕組みを構築し、運用します。

生産機能を持たない流通業の場合も、②が発注計画のみとなる、③の調達計画がないなど若干の違いはありますが、それ以外は同じ構成になります。

第2章以降で①～⑤に関する課題と解決方法について説明します。ここでは、⑥の需給マネジメントシステムについて解説します。

需要予測に対する誤解

これまで多くの企業の方と需要予測についてお話しさせていただく機会がありましたが、需要予測に対する考え方は大まかに次の2パターンに分類できます。

● **考え方1**

需要予測システムを導入すれば予測精度が向上し、在庫削減や欠品削減など非常に大きな効果が得られると考えている。

● **考え方2**

需要予測なんて当たるわけがない。だから、需要予測システムなんて導入しても無駄だと思っている。

一見すると完全に対立する考え方のように思えますが、よく考えてみると根本的な考え方は同じだと気付きます。それは、「需要予測は当たってこそ意味がある」という考え方です。違うのは、当たると思っているか、当たらないと思っているかだけです。当たらない需要予測はする意味がないのでしょうか。

需要予測の外れ（誤差）は2つに分類できます。1つは努力次第で「なくせる外れ」、もう1つはいくら努力してもどうしても「なくせない外れ」です。考え方1は「なくせない外れ」などないという考え方であり、考え方2は「なくせない外れ」が大きすぎるなら予測する意味がないという考え方です。

しかし、「なくせない外れ」があったとしても、それがどの程度の大きさか（外れ度合い）を見積もることができれば、外れても問題が発生しないように（最小限に抑えるように）事前に手を打つことができます。これが、たとえ当たらなくても需要予測が必要な理由の1つです。

販売予算を立案し、販売実績と比較評価し、未達の場合はその原因を究明し対

策を打つ。どの企業でも当たり前に行われていることです。販売予算通りに売れないからといって販売予算を立てないということはありません。需要予測も同様です。予測を立て、実績と比較評価し、予測が外れた場合はその原因を究明し対策を打つことによって、より精度の高い需要予測が得られるようになります。これが、たとえ当たらなくても需要予測が必要な理由の2つ目です。

A社はなぜ失敗したのか？

　需要予測（需要計画）の重要性は理解していただけたと思います。実際、製造業を含む多くの企業が、自動需要予測機能を備えた需給計画システムの導入に取り組んでいます。しかし、全ての需給計画システムの導入が成功しているわけではありません。期待した効果が得られず、活用されなくなってしまったシステムも少なくありません。ここで、ある食品メーカーA社の事例を見てみましょう。

　A社は、需給計画システムの全社的な導入を計画していました。新システムの目玉は、システムベンダーB社の需要予測エンジンで、欠品の撲滅と在庫の30％削減が期待されていました。

　万全の体制で本番稼働を開始しましたが、1週間後にある製品がSNSで話題となり需要が急激に増加しました。需要予測エンジンはこの需要増を予測できず、結果的に欠品が発生してしまいました。これにより、お客様からのクレームが殺到しました。プロジェクト開始当初からシステム導入に消極的だった営業部門は、システムの使用を中止し、手作業による販売計画立案に戻ってしまいました。結局、A社の需給計画システム導入は失敗に終わりました。

　何が問題だったのでしょうか。B社の需給予測エンジンの性能に問題があったのでしょうか。そうではありません。最大の失敗原因は、システムを導入すれば予測が必ず当たるという思い込みがあったこと、そして予測が外れた場合の適切な対応策を考慮していなかったことです。SNSで話題となること自体を予測することはほぼ不可能ですし、話題になっているという情報は取得可能ですが、需要予測エンジンにインプットされなければ予測結果に反映することはできません。需要予測は必ず外れるのです。

需給マネジメントシステム

　A社のような失敗を防ぐためには、「需給マネジメントシステム」の構築が不可欠です。生産管理や品質管理業務におけるPDCA（Plan-Do-Check-Act）サ

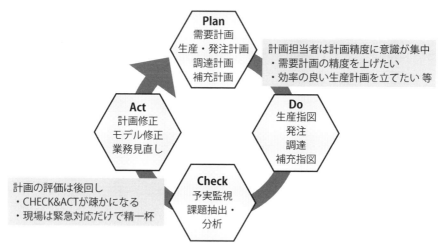

図1.5　需給マネジメントシステムのPDCAサイクル

イクルの重要性は、製造業の常識となっています。しかし、需給業務においては、PDCAサイクルを実践している企業はまだまだ少ないようです（**図1.5**）。

　需給マネジメントにおける主要業務は、需要計画や生産計画などの計画業務です。計画担当者はどうしても精度の高い計画（Plan）を立てることに意識が集中しがちです。その結果、計画と実績の乖離チェックや問題点抽出などのCheck業務が疎かになり、欠品や死蔵在庫などの問題が発生した後の緊急対応に追われることになります。Plan、Doに終始し、PDCAサイクルが十分に機能していない状態です。予実監視や問題抽出をルーチン業務として実施し、必要な処置（Act）を施すことで、**需給業務を継続的に改善する仕組みが需給マネジメントシステム**です。「システム」というと情報システムをイメージするかもしれませんが、ここでは「業務の仕組み」のことを指します。

　需給マネジメントシステムのPDCAは、Actの性質の違いによって、以下の3つに分類することができます。
①計画精度改善のPDCA
②緊急対応のPDCA
③計画通りに進まないことを前提としたPDCA

　需要計画を例に考えてみましょう（**図1.6**）。まず需要計画を立案します（Plan）。

第1章　SCMと需給マネジメント

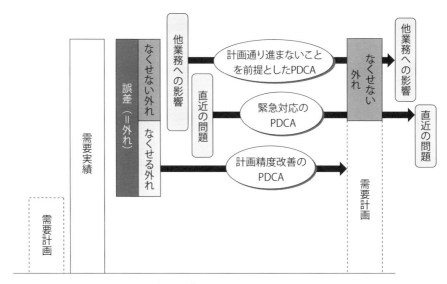

図1.6　需給マネジメントシステムの3つのPDCA

需要計画にもとづいて販売活動を行います（Do）。需要計画と需要実績を比較し、誤差（外れ）を評価・分析します（Check）。外れの原因が除去可能な場合（なくせる外れの場合）、精度を改善する施策（Act）を実行します。

　しかし、この精度改善には限界があり、必ずなくせない外れが残ります。なくせない外れに対する施策（Act）は2種類あります。1つは、需要計画の外れによって発生した目の前の問題が極力大きくならないように対応することです。もう1つは、需要計画が外れること（計画通りに進まないこと）を前提として、外れても他の業務に影響が出ないような施策を予め準備しておくことです。

　需給計画システムの導入を成功させるためには、これら3つの視点でPDCAを実践していく仕組み、つまり需給マネジメントシステムの構築が必要です。先ほど紹介したA社の失敗は、システム導入前に需給マネジメントシステムを構築していなかったこと（特に「計画通りに進まないことを前提としたPDCA」の視点が欠けていたこと）が原因だったのではないでしょうか。

　以下では3つのPDCAについて具体的に見ていきましょう。

計画精度改善のPDCA

　需要予測（需要計画）の精度は需給業務において重要なポイントです。予測精

度の評価指標や目標値、予測の異常を警告するルール、予測精度改善の手順などを予め決めておき、精度の監視（Check）と改善（Act）が継続的に行われる仕組みを作っておく必要があります。

　予測精度改善の主な手段には、次の3つがあります。
①予測モデルやパラメータのチューニング
②異常な実績の補正
③最新情報による予測の修正

　予測精度改善の手段というと、多くの人がまず①の「予測モデルやパラメータのチューニング」を思い浮かべるかもしれませんが、実際にはこれだけで予測精度が大幅に改善されることは稀です。

　例えば、次のような場合には②の「異常な実績の補正」が有効です。
◆SNSでの話題性によって需要が一時的に増加した
◆新型コロナウイルスの影響で需要が一定期間激減した
◆出荷実績をもとに需要を予測しているが、欠品によって出荷できなかった

　③は最新の情報を活用して予測を見直す方法です。例えば、当月の受注実績の進捗によって当月以降の予測を増減させることなどが考えられます。また、営業部門の情報を素早く入手する仕組みづくりも効果的です。例えば、特定顧客の依存度が高い製品の需要変動を察知した場合には、工場に連絡するというルールを設定し確実に実行するだけで、無駄な生産を抑制することができます。

　計画精度改善のPDCAは需要計画に限ったことではありません。例えば生産計画では、生産ロットサイズの変更や計画サイクルの短サイクル化などが精度改善に有効です。生産ロットサイズを大きくすると生産効率は上がりますが、在庫は増えてしまいます。逆に小さくすると段取り替えが増えて生産効率は下がりますが、在庫は低く抑えることができます。需要ボリュームの変動に合せて生産ロットサイズを最適化することが望まれます。生産計画を立案するサイクルを月次から週次にすることで、需要の変化に迅速に対応することができ、欠品リスクを上げることなく在庫を削減することができます。

緊急対応のPDCA

　どれだけ高度な予測モデルを使っても、需要予測は必ず外れます（当たり続け

第1章　SCMと需給マネジメント

ることはなく、外れる時が必ずあるという意味です）。また、設備トラブルなどによって生産計画通りに生産できないこともあります。計画通りに進まなかった場合に、どのようなアクションをとるべきかを予め定義しておくことが重要です。特に需要実績が需要計画を大きく上回った場合は、欠品や納期遅れが発生するため、緊急対応が必要となります。緊急対応時のアクションとしては、納期調整、緊急発注、緊急生産依頼、拠点間転送依頼などが考えられます。

「緊急対応のPDCA」を実践していない企業などないと思われるかもしれませんが、実際にはマネジメントシステムとして（公式にルール化されて）運用できている企業は少ないのではないでしょうか。例えば欠品が発生した場合に、工場に電話して「何が何でも作ってくれ」と必死にお願いしている営業マンの横で、顧客に「もう少し待ってください」と電話口で頭を下げている気の弱い営業マンがいる、という光景はよく見られます。欠品が発生した時に、全てのお客様に公平に供給するのか、一定の優先順に従って供給するのかなど、どのように供給量を決定するのかの仕組みづくり（ルール化）が必要です。

計画通りに進まないことを前提としたPDCA

最も忘れられがちなのが、この「計画通りに進まないことを前提としたPDCA」です。計画通りにならなくても「緊急対応のPDCA」が仕組み化されていれば、スムーズに対応できるかもしれません。

しかし、緊急対応はコスト増加、品質低下、顧客満足度の低下を招きます。他の業務に極力影響が出ないように予め準備しておくことも、重要なマネジメントの1つです。

最も一般的な「計画通りに進まないことを前提としたPDCA」は、「安全在庫による在庫管理」です。需要計画がどの程度外れるかを見積もって、許容可能な欠品率（目標とするサービス率）を維持できるだけの余分な在庫を持つ方法です。外れ度合いや許容可能な欠品率、製品の重要度は時間とともに変化しますので、安全在庫のレベルを継続的に見直す仕組みづくりが必要です。

たまにしか売れないような製品や、普段と比較して大量の注文が突然入る製品など、需要計画が非常に難しい製品は、欠品を防ぐために大量の安全在庫を抱えなければなりません。このような製品では、「見込生産から受注生産に切り替える」といった方策も必要となってきます。さらに、めったに注文がない製品は受注生産すらやめて、「他の製品との統合や生産・販売の廃止」を検討するという選択肢

21

もあります。

　これらの活動も一度きりのものではなく、市場ニーズや経営状況の変化に応じて適切に見直せるようにしておく必要があります。需給計画システム導入を成功させるためには、「何を予測しないか」を決めることも重要なのです。

お買い物マネジメント

　需給マネジメントの具体的なイメージがまだつかめないという方がいるかもしれません。しかし、実は皆さんは気付かないうちに普段の生活の中で「需給マネジメント」を実践しています。ビールの購入を例に考えてみましょう。

　Aさんは共働き夫婦で、毎週土曜日にまとめて買い物をすることにしています。最近ビールのおいしさに気付き、晩酌をするようになりました。毎週、お酒のディスカウントショップのビール売り場で何本購入しようか頭を悩ませています。

◆1ヶ月のお小遣いから逆算して、毎週12本購入することに決めました（Act-1）。

◆しかし、1日1本ずつしか飲まないため、在庫がどんどん増えていきます。1週間の消費量を7本と予測して（Act-2）、在庫が7本になるように不足分を購入することにしました。

◆ところが、翌日の日曜日に庭仕事をした後に1本飲んでしまったため、その週の金曜日は飲まずに我慢することになりました（Act-3）。

◆1日2本以上飲むこともあるので、翌週は余裕をみて在庫が9本になるように購入することにしました（Act-4）。

◆その週の金曜日、大学時代の友人から出張で近くに来たから訪問したいと連絡がありました。ビール好きの友人のために近所のコンビニエンスストアで5本追加購入（Act-5）して事なきを得ましたが、価格はかなり割高でした。

◆友人には、次から来る時は1週間前に連絡してもらうよう依頼しました（Act-6）。

◆また、更に多めに購入しても大丈夫なように、冷蔵庫を大きいものに買い替えました（Act-7）。

　Aさんの7つのActを、企業の需給業務におけるActに対応付けてみましょう（**表1.1**）。

　お小遣いから逆算して購入本数を決めることは、予算にもとづいた生産計画に相当します。予算通りだと在庫が増え続けてしまうことに気付き、実需にもとづ

表1.1 お買い物マネジメントと需給マネジメント

Act番号	Aさんの お買い物マネジメント	企業の 需給マネジメント	PDCAの種類
1	お小遣いから逆算して 購入数を決定	予算にもとづく 生産計画	計画精度改善
2	消費量を予測して購入数を 決定	需要予測にもとづく 生産計画	計画精度改善
3	飲まずに我慢	欠品時に顧客に謝罪	緊急対応
4	余分に購入	安全在庫にもとづく 生産計画	計画通りに進まないことを 前提
5	コンビニエンスストアで 追加購入	残業や外注による生産	緊急対応
6	友人に事前連絡を依頼	特売情報の共有	計画精度改善
7	大きめの冷蔵庫を購入	工場倉庫の増設	計画通りに進まないことを 前提

く生産計画に切り替えました。飲まずに我慢したことは、欠品発生時の対応に相当します。需要の上振れを考慮して余分に購入することは、安全在庫にもとづく生産計画そのものです。

コンビニエンスストアでの追加購入は、急な需要への対応で、残業や外注生産などがこれに当たります。友人への事前連絡依頼は少しわかりにくかったかもしれませんが、需要増を事前にキャッチするという意味では、特売情報の共有に似ています。冷蔵庫の買い替えは、在庫キャパシティの拡大ですので、倉庫増設ということになります。

こうして見ると、需給マネジメントは身近な概念であり、誰でも実践可能なものであることを理解していただけたのではないでしょうか。

これからの需給マネジメント

需給業務は複数の部門間にまたがるため、全体最適志向が重要です。例えば、営業部門は市場のニーズに迅速に対応するために在庫を増やしたいと考えていますが、製造部門は在庫を抑えつつ生産性を高めることを重視しています。このように部門間で利害が対立する状況の中で、各部門の事情を考慮しながら、全社の利益を最大化するための需給計画を立案することが求められます。

欧米では、このような需給マネジメントの課題を解決するために、多くの企業

	予算・事業計画	S&OP計画	需給計画
計画のレベル	戦略レベル	戦術レベル	業務レベル
意思決定者	トップマネジメント	トップ/ミドルマネジメント	ミドルマネジメント/担当者
数字の単位	金額	金額/数量	数量/順序
計画単位	全社・部門別	カテゴリー別	製品別
タイムバケット	年/月単位	月	月・日単位
期間	～3年先	～18ヶ月先	～6ヶ月先
会議体	経営会議	エグゼクティブS&OP会議	需給調整会議
業務プロセス	予算策定プロセス	S&OPプロセス	需給計画・調整プロセス

図1.7　予算・事業計画、S&OP計画、需給計画の比較

でS&OP（Sales and Operations Planning）プロセスが導入されています。S&OPは、営業計画と生産計画を統合し、需要と供給のバランスを最適化するための戦略的なプロセスです。S&OPでは、営業部門、製造部門、物流部門などの関係者が定期的に会議を行い、需要計画、在庫状況、生産能力、物流能力などについて情報を共有します。

　各部門の計画を統合し、全社的な視点での意思決定を行うことで、需要と供給のバランスを最適化し、全社の利益を最大化する計画を策定します。また、数量だけでなく金額（売上、利益）の観点も考慮されます。これにより、収益性を重視した計画の立案が可能となります。

　図1.7に示されている通り、S&OPは戦略レベルの予算・事業計画と業務レベルの需給計画の間に位置し、両者を繋ぐプロセスです。しかし、日本企業ではS&OPプロセスの導入が進んでおらず、予算・事業計画と需給計画の間に乖離が生じているケースが多く見られます。この現象にはいくつかの理由が考えられます。

　まず、日本企業では現場主導で短期的な目標や業績に焦点を当てるボトムアップ型の意思決定が主流となっており、長期的・戦略的な視点を持ったトップダウン型の意思決定が根付いていないことが挙げられます。さらに、日本企業では計画担当者が様々な制約条件を考慮して製品別・日別の計画を緻密に立案しており、S&OPにおける製品カテゴリ別・月別の計画変更に対応することが難しいという事情もあります。

　しかし、近年は国内市場の成長鈍化に加え、原材料費、人件費、物流費などの

高騰によるコスト高もあり、需給計画の良し悪しが企業収益に与える影響はますます大きくなっています。そのため、日本企業でもS&OPの導入に関心が高まってきています。日本の企業文化の良いところを残しつつ、S&OP的な考え方を需給マネジメントに取り入れていくことが必要です。

Point

- 需給マネジメントは、顧客に製品を円滑に供給するために、需要と供給の数量を計画・調整する重要な管理活動
- 需給マネジメントにおいては、継続的な改善を促すために、需給マネジメントシステムの構築・運用が欠かせない
- 計画精度改善に加えて、計画通りに進まないことを前提とした業務や緊急対応時のルールづくりも重要
- 全体最適志向の意思決定のためには、数量だけでなく金額（売上、利益）の視点も考慮するS&OPプロセスの導入も有効

これが需給の現場の実態!?

リアルすぎる需給辞典

　様々な需給関連用語を、アンブローズ・ビアス『悪魔の辞典』（岩波文庫）風に解説します。著者の個人的な意見・偏見が含まれるので、正しい情報は各種専門書、Webサイトなどでご確認ください。

キヤノンITソリューションズHP　「リアルすぎる需給辞典」より転載・加筆
https://www.canon-its.co.jp/solution/industry/manufacturing/scm/foremast/word

えすしーえむ【SCM】

　原材料の調達から消費者への販売に至るまでの一連のプロセスを統合的に管理し全体最適化を実現するための、幻の経営管理手法。中国神話に現れる伝説上の動物「麒麟」と同様、書物には描かれているが実物を見た者はいない。サプライチェーン・マネジメント（Supply Chain Management）の略。

　例：当社では、**SCM**改革プロジェクトを推進中です。

　原材料の調達から消費者への販売に至るまでの一連のプロセスを1つの企業で完結しているケースはほとんどなく、大抵は複数の企業が関係しています。これを統合的に管理し、さらに全体最適化を実現しているのを、少なくとも私は見たことがありません。

　世の中で使われているSCMという言葉の多くは、企業内サプライチェーンの管理（需給マネジメント）か、せいぜい直接取引がある仕入先や顧客との協働を指すものです。「複数企業にまたがって統合的に管理する」というのは無理があると思うのは私だけでしょうか？　SCM実現のためには、それぞれの企業（組織）が独自に意思決定しつつ、それが全体最適に繋がるような仕組みが必要ではないかと思います。

　SCMが「麒麟」と異なるのは、我々の努力によって幻から実在に変えることができる可能性があるということです。

第 2 章

需要予測／需要計画における課題と解決策

02

2-1 新商品の需要予測は職人技？

需要動向を随時チェック

　読者の皆さんは、1年間で発売される清涼飲料水の新商品の数がいくつか、ご存知でしょうか。一般社団法人全国清涼飲料連合会の発表[1]によると、2019〜2023年の期間では年間1100〜1400商品とのことです。全体の商品数は6200〜6700商品程度なので、全商品の約20％は新商品ということになります。これらの新商品はすぐ消えるものもあれば、定番品へ育っていくものもありますが、定番品になるのは本当に限られた数でしょう。

　これだけ定番になるのは難しいのに、新商品はなぜ発売されるのでしょうか。業界によって事情は変わるでしょうが、主な理由として以下が考えられます。

◆ 次期定番品への投資

◆ ラインアップの拡充

◆ 話題作り・目新しさ

◆ 消費者の嗜好の傾向把握

　「次期定番品への投資」は重要です。挑戦しないと永遠に次の定番品は出てきません。そして、次の定番品が出てこないと今の定番品は飽きられるかもしれません。そのため、「ラインアップの拡充」「話題作り・目新しさ」によって定番品のシリーズが消費者に飽きられないようにします。また、嗜好は時代とともに変化していくので、「消費者の嗜好の傾向把握」による市場の動向把握も重要です。動向を把握した結果を「次期定番品への投資」に繋げていきます。

　上記以外にも理由はあるでしょうが、商品を販売する事業では、新商品は不可欠であることが分かるかと思います。しかし新商品の需要予測や、工場から倉庫への補充計画立案は定番品と比較して難しいと言われています。飲料メーカーC社の若手需給計画担当者、水山さんの失敗談で考えてみましょう。

　水山さんは今まで定番品の補充計画立案を担当していましたが、今月からいくつかの新商品も担当することになりました。初回出荷分は前任の担当者によって

補充済みなので、発売後の補充計画を立案します。

「新商品は、営業担当者から3ヶ月先までの販売計画をもらっているし、販売計画通りに補充すれば問題ないだろう」

発売して1ヶ月の間は特に大きな問題はありませんでした。しかし2ヶ月目になった頃、いくつかの新商品は過剰在庫に、他のいくつかの新商品は品薄になってきました。

「販売計画通りに売れなくなってきてるな。1ヶ月分の販売実績はあるし、補充計画を考え直してみるか」

水山さんは直近1〜2週間の販売実績の平均を予測値として、補充計画を修正しました。ある程度適正な在庫になり安心していた矢先、いくつかの新商品で急な発注があり、欠品になりました。

営業担当者にヒアリングすると、卸売業者からまとまった発注があったとのこと。どうやら新商品が口コミで話題となり、売り上げが伸びたようです。最初の発注で大量に在庫を抱えていたため、卸売業者からしばらく発注がなく、販売実績だけを見ていた水山さんは店頭での需要動向を把握できていなかったのです。

水山さんは販売計画通りにならないこと、新商品の需要予測は難しいことを実感しました。

新商品の需要予測が難しい主な理由として、以下が挙げられます。

- **過去の販売実績がない**

    過去の販売実績がないので、どれくらい売れるか予測しづらいです。営業の販売計画が当たらないのも同じ理由で、あくまでも営業の販売意欲が反映されているだけかもしれません。

- **新商品の販売は定番品ほど安定していない**

    初期の大量在庫の払い出しに時間がかかるので、なかなか発注がなく、市場の動向が分かりづらいです。

 具体的な解決方法

発売直後は営業の販売計画をもとに需給調整することが多いでしょうが、1ヶ月程度経過したら、**営業の販売計画と、実際の販売実績を見比べながら上方修正や下方修正、あるいは現状維持などを検討する必要があります。**

29

①営業の販売計画を補正

販売実績と営業の販売計画の同期間の比率を算出し、営業の販売計画に掛けて補正する方法があります。あくまでも、営業の販売計画の波形は正しく、ボリュームを直近傾向に反映させるという考え方です。

②過去の商品の発売直後をパターン化

過去の商品の発売直後の売れ方をいくつかのパターン化し、どのパターンに当てはまるかを判定し、直近の販売実績に当てはめて予測する方法があります（図2.1）。同じカテゴリの商品で、販路が同じであればパターン化が可能かもしれません。

③需要動向をいち早くチェック

新商品が今後も売れ続けるのか、それともあまり売れなくて廃番になるのかは最初の売れ行きが大きく影響します。需要動向を把握することにより、追加補充するかを検討できますが、卸売業者などへの出荷データは、消費者の需要傾向の変化を後追いする形になるので、どうしても対応が遅れます。**理想的なのは消費者に近い販売実績を取得して、需要動向を把握することです**。店舗のPOSデータを提供してもらう、または、データを購入するなどが考えられます。

データ取得が難しい場合は、店舗での販売状況について営業担当者から情報を仕入れる方法もあります。隔週や週1回など、**定期的に新商品の需要動向を確認するといった、地道な努力が必要なのです**。

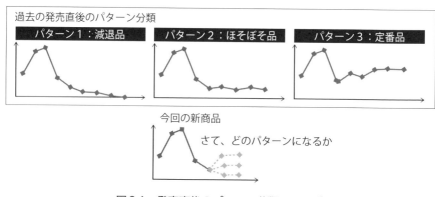

図2.1　発売直後のパターン分類イメージ

第 2 章　需要予測／需要計画における課題と解決策

 さらなるステップアップを目指す手法

　取り扱っている商品がSNSにあがるような商品であれば、SNS情報をチェックすることによって消費者の反応が分かります。SNS情報を常時監視してアラートを出すなどの仕組みを構築できれば、負荷が少なく需要動向を把握できるかもしれません。その方法については「2-9項　ある日突然、大人気」を参考にしてください。

　新商品の予測は人手でも難しいですが、AI（人工知能）を活用できないでしょうか。商品の特性（例えばターゲット年齢層、味の特性、価格など）と過去の新商品発売直後の販売実績データから予測することになりますが、新商品のデータが少なく、なかなか難しいかもしれません。また、商品の特性をどう定義するかが大きく影響します。

　では、発売直後の販売実績の傾向から、AIで過去の類似商品を見つけ出せないでしょうか。過去の新商品のデータを大量に持っていれば可能かもしれませんが、データ量が少ないと、思った通りの結果は得られないかもしれません。

　AIを使うのであれば、販売実績と、店舗や卸売業者のPOSデータから予測する方が良いかもしれません。ただし、学習のために過去の新商品の発売当初のPOSデータが必要になります。

　これまでは新商品の発売後の対応についてお話ししましたが、発売前にやるべきことはないのでしょうか。

　新商品を発売する前には、発売前の初回出荷量を予測する必要があります。店頭に並べる商品であれば、最初に大量に店舗に出荷し、棚に並べて宣伝する必要があるでしょう。

　発売前の出荷はその商品の企画段階でどれだけ売るか、ということを決めたり、営業や支店の意向により決めたりするので、需給担当者は責任を持たないことが多いです。ただ、企画担当者の想いだけで初回出荷量を決めると、思った通りの売れ行きにならないことが多いので、過去の類似商品の発売後の販売実績と比較・参照して計画を立案するなど客観的な視点も必要です。

　そのためには、過去の新商品の発売後の販売実績、その商品の特性などをきちんとデータ化して、**発売後の一定期間後に、何が良かったか、何が悪かったかの評価を残すことが重要**です。それが今後の新商品開発にも役立つかもしれません。もちろん、これらをデータ化しても発売前の出荷予測の精度が必ずしも上が

るとは限りませんが、評価の軸にはなり得るでしょう。

(1) 一般社団法人の全国清涼飲料連合会の発表：(閲覧日：2024/9/19)
　　 https://www.j-sda.or.jp/statistically-information/

- 新商品の需要予測は、より消費者に近い販売実績（POSデータや営業情報）から、需要動向を把握することが重要
- 需要動向を定期的にチェックし、予測を見直すか判断が必要
- 新商品の発売後、予測精度や商品特性を分析・評価した結果を残して今後の新商品の需要予測に活用

第2章　需要予測／需要計画における課題と解決策

2-2 リニューアル品は どれだけ売れる？

旧製品の実績を使った予測方法

　飲料メーカーC社は定番品の清涼飲料水のリニューアルを控えていました。20・30代の購買層に人気がありましたが、10代の購買層への拡充を狙い、風味、パッケージなどを変更し、製品力の強化に努めました。

　C社では需要予測システムを導入しており、システムが過去の出荷実績をもとに自動で需要予測を行った結果をもとに、製品の担当者が需要計画を立案する業務を行っています。この製品の担当である水山さんがリニューアル品の需要計画を立案しようとしましたが、システムが算出する需要予測は全てゼロとなっています。

　「いつもなら需要予測されているはずなのに…。とにかく急いで何とかしないと！」

　水山さんはまず、リニューアル前の旧製品の出荷実績を参考に、自力でリニューアル品の需要予測を行いました。

　「旧製品のリニューアルだし、同じくらいの需要のはずだ」

　次に、旧製品の需要計画を考えます。

　「リニューアル品への切替時期までは旧製品を販売するから、旧製品はいつも通りの計画にして、切替時期以降はゼロにしておこう」

　こうして無事に需要計画を立案できた水山さんは一安心していました。

　しかし、営業から「リニューアル品への切替時期になっても旧製品が店頭に残っていたため、リニューアル品への切替が遅れた」「リニューアル品へ切替後に、リニューアル品が欠品する店舗がいくつか出た」という苦情があり、水山さんは対応に追われることになりました。

　さて、水山さんのどの対応が良くなかったのでしょうか。

　リニューアル品とは、パッケージや内容を変更して発売する製品です。通常はリニューアル品と旧製品を同時に店頭で販売しません。例えば、同じ店舗で同じ製品を買ったはずなのに、自分は旧製品で、他の人はリニューアル品だと損した

33

気分ですよね。店舗側も旧製品とリニューアル品があると管理が大変です。では、リニューアル品の需要予測が難しい要因をまとめてみましょう。

　要因の1つ目は、リニューアル品と旧製品は製品コードが異なることです。旧製品とリニューアル品は同じ製品ではありますが、製品コードは変わります。そうすると、データ上、リニューアル品は過去の出荷実績はないので、新製品と変わりません。旧製品とリニューアル品の出荷が切り替わるタイミングの出荷実績推移は、**図2.2**のようになります。

　水山さんのリニューアル品の需要予測値がゼロだったのは、これが原因です。新製品と同様に過去の出荷実績がないので、システムは需要予測ができず、需要予測値はゼロになります。

　要因の2つ目は、リニューアル発売による需要の伸びが読みづらいことです。通常はリニューアルして宣伝することによって、一時的に需要は伸びるはずですが、どれくらい伸びるかを完璧に予測することは困難です。宣伝、イベントによってリニューアルが深く浸透すれば需要は伸びるかもしれません。宣伝が少なく、あまり周知されていなければ旧製品とそんなに変わらない売れ行きかもしれません。また、あまり宣伝しなくても、SNSなどの影響で徐々に売れ行きが伸びる場合もあります。従来のターゲット層以外にもアピールできれば、一時的な需要増加ではなく、しばらくは需要が増えてそのまま安定するかもしれません。

　宣伝効果などを考慮してリニューアル品の需要予測を行うべきですが、水山さんは旧製品と同程度の需要だと予測してしまったため、欠品が発生しました。

　要因の3つ目は旧製品の需要予測です。旧製品とリニューアル品を同時に店頭に置くケースは少ないため、旧製品が残っていると、リニューアル品を店頭に置けない可能性があります。そのため、旧製品をさばくため、安く店舗に販売する

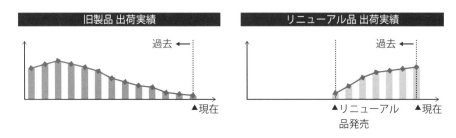

図2.2　旧製品とリニューアル品の出荷実績推移

などして利益が少なくなる可能性があります。これを防ぐため、できるだけ旧製品の在庫が残らないように計画を立案する必要があります。リニューアル品との切替は、主に以下のいずれかのパターンに該当します。

- **強制切替**

　ある日を境に旧製品は販売停止し、リニューアル品のみ販売するケースです。売れ残った旧製品は廃棄するか、別ルート（格安販売店など）で販売することがあります。この場合、旧製品の在庫をできるだけ少なく、かつ、リニューアルまでは欠品させないようにする必要があります。

- **自然切替**

　旧製品の在庫がなくなればリニューアル品を販売するケースです。このケースは大々的に宣伝などは行わず、パッケージの変更など軽微なリニューアルであることが多いです。

　今回のケースは自然切替のパターンでしたが、水山さんはリニューアル品の切替時期直前まで旧製品をいつも通りの計画としていました。そのため、リニューアル品発売後にも旧製品の在庫が残ったままとなり、リニューアル品への切替が遅れました。

 具体的な解決方法

　リニューアル時の需要予測の課題を解決する方法を1つずつ見ていきましょう。

①旧製品とリニューアル品の紐付け

　システムはどれがリニューアル品か、どれが旧製品かはわかりません。そのため、**リニューアル品と旧製品の紐付け（継承情報と呼びます）を登録**しないと、リニューアル品は過去の出荷実績がないので、需要予測できません。システムでの需要予測は継承元の旧製品の出荷実績を加算して、リニューアル品の出荷実績を補正し、補正した出荷実績をもとに予測する必要があります（**図2.3**）。

　また、旧製品の出荷実績を補正して継承させる必要がある場合もあります。例えば、旧製品では4個入り製品だったのが、リニューアル品では8個入りと増量しているケースでは、そのまま旧製品の出荷実績を加算するのではなく、「旧品の出荷実績×（4÷8）」のように補正すると良いでしょう。

②リニューアル発売による需要増加への対応

　リニューアル品は基本的には需要が伸びますが、どれくらい需要が伸びるかを

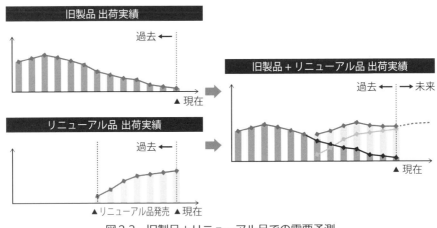

図2.3　旧製品＋リニューアル品での需要予測

完璧に予測することは困難です。しかし、**過去のリニューアル品、リニューアル時期、リニューアル後の昨対比（旧製品とリニューアル品の比較）**などの情報が**整理されていると、予測時の手助けとなります**。ただ、どれくらい宣伝・イベントを展開したかという情報がデータ化されていないことも多いので、そのようなメモ・コメントが残せる仕組みがあれば、より活用できるでしょう。

　リニューアル効果を自動予測に反映させるには以下のような方法による補正が考えられます。
◆ 増量分を登録する
◆ 予測値に掛ける比率を登録する
◆ 過去の出荷実績（継承考慮済み）に掛ける比率を登録する（**図2.4**）

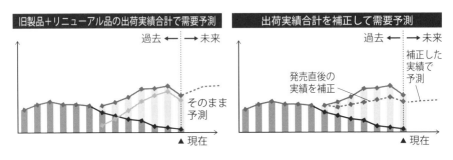

図2.4　出荷実績補正による需要予測

ただ、ここで問題があります。リニューアル前に予測した結果は問題ないのですが、リニューアル後に予測した結果は、出荷実績にリニューアル後の出荷実績（リニューアル効果により需要増加した出荷実績）が含まれている可能性があります。そのため、需要予測値がリニューアル前より大きくなる可能性があり、その値に上記の方法で補正すると、リニューアル効果が二重で考慮されることになります。

補正方法や補正比率を都度見直すことができれば、二重で考慮されることを防ぐことができますが、管理が煩雑になります。運用方法の1つとして、リニューアル直後は需要予測の結果が直近の影響を受けにくい予測モデルにした上で補正を行います。リニューアルによる一時的な需要増加が落ち着いたタイミングで、直近の影響を反映する予測モデルに切り替え、補正をやめると運用しやすいでしょう。

リニューアル直後の需要予測結果は注意してチェックし、適切な方法で運用しましょう。

③旧製品の需要予測

旧製品は終売すると考えて、通常の需要予測値に補正率を掛けるようにします。補正率をどんどん小さくしていくことで、発注／補充する量も連動して減らしていくことが可能です。

あるいは、需要予測でコントロールせず、発注／補充する量を計画する際、**切替日に向けて安全在庫をどんどん減らすようにすれば、リニューアル時に旧製品の在庫を残さないようにコントロールすることが可能**です。

- リニューアル品と旧製品を紐付ける継承情報を活用できる仕組みが必要
- リニューアル直後の需要予測は細心の注意が必要
- 旧製品の在庫は需要予測だけではなく、安全在庫でコントロールも視野に

2-3 キャンペーン中は複数商品に分身

通常品と期間限定品の計画はあわせて考える

　話題づくりや販売拡大を狙って、キャンペーンとして期間限定商品を発売することがあります。例えば食品メーカーの場合、下記のような期間限定品があります。

- ◆増量（今だけ○○パーセント増量！など）
- ◆内容物の変更（より高級な食材への変更、アソート商品ならばアソート比率の変更など）
- ◆パッケージの変更（オリンピックやサッカーワールドカップ応援パッケージ、○○周年記念など）
- ◆特典品付き（人気キャラクターとコラボした特典品など）

　これらの期間限定品は通常品と製品コードが異なり、システム上は別製品扱いになることが多いです。また、期間限定品が流通している期間は、通常品の供給をあえて抑えることがあります。これはキャンペーン対象の期間限定品をなるべく多くのユーザーに供給して認知してもらい、キャンペーン効果を上げることが狙いです。

　消費者にとって期間限定品はお得感があったり、話題の製品であったり、特典品をゲットできたりして、楽しいものです。しかし、期間限定品を提供する会社の需給計画担当者にとっては、業務が複雑になり、頭を抱える課題がいくつもあります。

　ここで、飲料メーカーC社の需給計画担当者、水山さんの期間限定品の需給業務を通して、期間限定品の需給業務の課題を考えてみましょう。

　飲料メーカーC社は缶コーヒーの需要拡大を狙って、有名アニメとコラボレーションして大々的なキャンペーンを実施することにしました。缶コーヒーのパッケージに複数のアニメキャラクターを描いたものを第1弾として7月の1ヶ月間販売し、第2弾としてキャラクターグッズを特典として付けて8月に販売すると

いうキャンペーンでした。

　この商品の需給計画担当の水山さんは、普段は需要予測をシステムの自動予測に任せていますが、期間限定品は製品コードが異なるため自動予測ができません。そのため水山さんは手動で第1弾の期間限定品の需要予測と補充計画を立案しました。期間限定品は人気アニメとのコラボレーションなので、通常品より多めに売れると予測し、また通常品も一部流通するため、期間限定品と通常品の合計で通常の150％になると予測しました。通常品とキャンペーン品の内訳は通常品25％、キャンペーン品は75％の予測として補充計画を立案しました。

　第2弾の特典付きキャンペーンまではまだ時間がありますが、特典品を事前に外部へ発注する必要があるため、第1弾と同様に期間限定品と通常品の合計で150％として予測し、特典品を発注しました。

　第1弾の期間限定品が発売となった当初は水山さんの予測通りの売れ行きでした。しかし7月下旬からSNSなどで期間限定品のパッケージが話題となり、期間限定品の売れ行きが急激に予測を上回り、品切れになる事態が発生しました。そのため第1弾の期間限定品を緊急で増産しました。

　8月になって第2弾の特典付き期間限定品を販売すると、さらに売れ行きが伸びて、発売からわずか1週間で品切れが発生する事態になりました。特典品は製造に少し時間がかかり、追加で発注しても間に合わないため、特典付き期間限定品の品切れ後は、特典なしの第1弾の期間限定品で販売を続けましたが、それでも品切れになる状態でした。

　キャンペーン期間を終えて、9月からは通常品のみの販売となり、売り行きも落ち着いて一段落となりました。

　しかし、水山さんは9月以降の通常品の需要予測を自動予測のままにしていたため、7月、8月の期間限定品との併売による通常品の出荷減少により、9月の需要予測がいつもより低めになっていたことに気付きませんでした。そのため、通常品はいつもより少なく供給され、キャンペーンが終わっても品薄状態が続き、なんとかいつもの供給体制に戻ったのは9月下旬でした。

　水山さんはどのように対応すべきだったのでしょうか。順を追って考えてみましょう。

　まず、期間限定品と通常品の合計が、通常よりも多くなるように予測したのは非常に良い考えです。**期間限定品と通常品の合計で予測し、キャンペーン効果を**

反映させるというのはよくある手法で、分かりやすい方法です。

SNSで人気が出たことで急激に売れ行きが伸びましたが、これを予測するのは困難です。しかし**売れ行きをチェックして予測から外れていることが分かった時、すぐに緊急生産により対応**できています。

問題は期間限定品の販売終了後です。期間限定品の予測の外れの対応に追われて、通常品の自動予測をチェックすることを忘れて、販売機会の損失が発生しました。期間限定品の発売期間中は通常品の販売実績が少なくなっているので、通常品の需要予測結果は、必然的に低くなります。きちんとチェックすべきでした。

 具体的な解決方法

期間限定品を発売した場合、通常品と期間限定品それぞれをどのように予測するのが良いのでしょうか。通常品と期間限定品の合計で予測するのが良いと書きましたが、これは継承の考え方（「2-2項　リニューアル品はどれだけ売れる？」参照）に似ています。期間限定品を新製品、通常品を旧製品と考えると、新製品である期間限定品を予測する際に、通常品の過去実績を加算して予測するという継承品の予測方法と同じです（**図2.5**）。

しかし、継承品と異なるのは、期間限定品の販売が終了すれば再び通常品が販売されるため、期間限定品は旧製品に、通常品が新製品に、というように逆転し

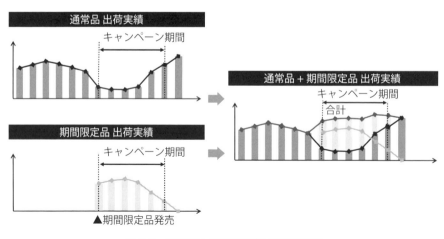

図2.5　通常品と期間限定品の出荷実績

ます。その度に、新製品・旧製品の立場を変えて予測するのは手間がかかります。この場合、最初から新製品を通常品、旧製品を期限限定品として考えて合算で予測し、期間限定品と通常品を比率で按分すると効率的です。

期間限定品と通常品の販売比率を自動で算出することは難しいので、人が考える、または過去の類似製品を参考する、といった方法があります。

さらなるステップアップを目指す手法

キャンペーン終了後は通常品を100％の比率として予測すれば良いですが、その場合、期間限定品による売り上げ増分が予測に反映され、キャンペーン前よりも多めの予測になります。これが正しいかどうかはキャンペーンの成否によるので、自動予測に任せるのではなく、キャンペーン終了後は他の製品より注力して売れ行きをチェックし、予測を修正する必要があります。

ただ、この製品に季節性がある場合、翌年の同じ時期の予測に前年のキャンペーン効果が反映される可能性があるので、キャンペーン期間の実績は、キャンペーンがない通常時の実績に補正しておく方が自動予測の精度向上を見込めます（図2.6）。詳細は「2-11項　その出荷実績、需要予測に使えますか？」を参照してください。

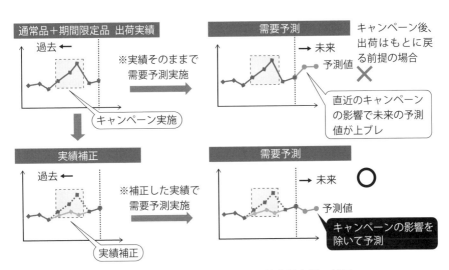

図2.6　通常品と期間限定品の出荷実績合計の補正

キャンペーン終了後は通常品の売れ行きのチェックや実績補正などの後処理を忘れていると予測精度が落ちることに注意が必要です。

- キャンペーン効果を考慮して、期間限定品と通常品の合計で予測すると効果的
- 期間限定品の発売中は注意深く売れ行きをチェックし、すぐに対応策を考えることが重要
- キャンペーン終了後、実績を補正するなどの後処理を忘れずに

第2章　需要予測／需要計画における課題と解決策

2-4 オプション品はどれだけ必要？

製品本体の需要を用いた予測方法

　家電メーカーD社は、1年前からオートドリップ式のコーヒーメーカーの生産・販売を開始しました。この製品は他社製品と比べて高価ですが、デザイン性が高く、独自のAI機能を搭載しています。AI機能は、利用者がコーヒーの味についてスマートフォンを通じてフィードバックすることで、AIが利用者のコーヒーの好みを学習し、ドリップするスピードを自動調整するというものです。この独自機能がSNSで評判となり、販売数が徐々に伸びてきました。

　D社は、さらに顧客単価を上げる施策として、コーヒーメーカーとデザインを統一した手動式のコーヒーミル（コーヒー豆を粉砕し、粉にする道具）をオプション品として販売開始しました。オプション品の手動式コーヒーミルは、コーヒーミル専業メーカーE社にOEM生産[(1)]してもらっています。顧客はコーヒーメーカーを買う際に、コーヒーミルをオプションとして付けるか選択が可能です。

　D社の需給管理部に所属する豆田さんは、手動式コーヒーミルの需給管理を担当することになりました。

　手動式コーヒーミルは販売開始から数ヶ月経ち、初期ロットで生産していた在庫が少なくなってきたので、豆田さんは、E社に追加で発注することにしました。発注にあたり、手動式コーヒーミルの需要を予測する必要があるため、手動式コーヒーミルの過去の販売実績をもとに需要を予測し、発注数を決めました。翌月、発注した数が無事納入されて在庫が回復し、欠品も発生しませんでした。

　さらに1年が経過したある日、豆田さんは、手動式コーヒーミルの在庫が大幅に増えていることに気が付きました。

　「なんで急に在庫が増えたんだろう。発注する量はいつも通りなのに」

　コーヒーメーカーの需給管理担当者に話を聞くと、2ヶ月前から競合他社が自社製品と同等の機能を持つコーヒーメーカーの販売を開始しており、他社製品の認知度が上がるにつれ、自社のコーヒーメーカーの販売台数が減少したとのことでした。その結果、オプション品の手動式コーヒーミルもあおりをうける形で、販売数が減ったようです（**図2.7**）。

43

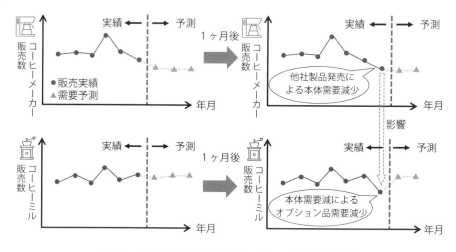

図2.7　本体需要減少に伴うオプション品の需要減少

　オプション品の需要を予測する場合、オプション品自体の販売実績をもとに予測することもできますが、オプション品は製品本体の需要に大きく影響を受けます。そのため、**オプション品自体の実績から予測すると**、**例えば以下のようなケースで予測を外す可能性があります**。

- コーヒーメーカー本体の需要がゆるやかに伸びており、比例してオプション品である手動式コーヒーミルの需要も伸びる
- コーヒーメーカーが、発行部数国内No.1の生活情報誌に、記事で取り上げられることになり、需要が伸びることが想定される。結果、手動式コーヒーミルの需要も増加が見込まれる
- スマートフォンからコーヒーメーカーを操作したり、ドリップのスピードを調整したりするためのチップが、半導体不足で入手困難となり、コーヒーメーカーの生産数を制限することになった。結果、手動式コーヒーミルの販売数も影響を受ける
- オートドリップ式のコーヒーメーカーの成功を受け、自社製品のラインアップを充実させるべく、自動ミル機能（豆を入れると自動で挽く機能）を追加した全自動コーヒーメーカーを販売開始予定である。新製品と既存製品の合計では販売台数増加を狙うが、新製品に既存製品の需要が一部食われることになり、オプション品である手動式コーヒーミルの販売数も減少が見込まれる

このように、オプション品の需要は製品本体の需要に大きく影響を受けるため、製品本体の需要予測を参考にして、オプション品の需要を予測すると、予測精度を向上できそうです。それでは具体的に、どのように製品本体の需要予測を加味すれば良いのでしょうか。

具体的な解決方法

製品本体の需要に大きな影響を受ける**オプション品の需要を予測する場合、製品本体の需要と連動させることで、予測精度の改善を図ることができます**。例えば、手動式コーヒーミルの例ですと、次のような対応になります（**図2.8**）。
- 手順1：オプション品が製品本体と同時購入される比率を求める
- 手順2：製品本体の予測数と、オプション品が製品本体と同時購入される比率をかけて、オプション品の需要予測数とする

手順1では、過去にコーヒーメーカーを購入した人のうち、何割の人が手動式コーヒーミルも同時に購入するのか、販売実績から求めます。

手順2で、オプション品の需要予測数を以下の式1で求めます。

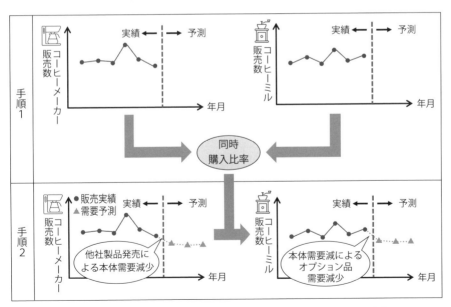

図2.8　製品本体の需要予測を加味したオプション品の需要予測

$$\text{オプション品の需要予測数} =$$
$$\text{製品本体の需要予測数} \times \text{オプション品の同時購入比率} \quad (式1)$$

別途求めた来月の製品本体の予測数（例：500台）と手順1で求めた同時購入比率（例：3割）を掛けて、手動式コーヒーミルの需要は、150台と予測できます。

さらなるステップアップを目指す手法

ここでは、製品本体「コーヒーメーカー」とオプション品「コーヒーミル」という関係性に着目しましたが、製品本体の需要予測を使って予測できるのは、オプション品だけではありません。**製品本体「コーヒーメーカー」に対する修理交換用のパーツ、例えば「水タンク」「ガラスポッド」「ふたのパッキン」の予測にも応用できます**（式2）。

$$N\text{月までの修理交換用パーツ需要予測累積数} =$$
$$N\text{月までの製品本体の累積販売台数}$$
$$\times \text{修理交換用パーツの故障確率} \quad (式2)$$

修理交換用パーツの場合、修理交換用パーツの需要予測数も製品本体の販売台数も累積数となっています。オプション品の需要予測では、製品本体と同時購入されるので、式1のように単純な掛け算でしたが、修理交換用パーツの場合、オプション品とは異なり、過去に販売した製品本体が故障して、修理交換用パーツの需要が発生する可能性もあります。そのため、累積で集計した数字で需要予測します。もしオプション品のように1ヶ月分の修理交換用パーツ需要を求める場合、式3のように、式2で求めたN月までの修理交換用パーツ需要予測数からN−1月までの修理交換用パーツ需要予測累積数を引くことで求めることができます。

$$N\text{月の修理交換用パーツ需要予測数} =$$
$$N\text{月までの修理交換用パーツ需要予測累積数}$$
$$- (N-1)\text{月までの修理交換用パーツ需要予測累積数} \quad (式3)$$

(1) OEM生産：委託を受けたメーカーが他社ブランドの製品を製造すること。

第 2 章　需要予測／需要計画における課題と解決策

> **Point**
> - オプション品は、製品本体の需要に大きく影響を受けるので、オプション品自体の実績から予測すると外れる可能性がある
> - オプション品の需要を予測する場合、製品本体の需要と連動させることで、予測精度の改善を図ることができる
> - 同様の考え方は、製品本体を修理交換する際に必要となるパーツの需要を予測する際にも応用できる

2-5 今月の期間限定おすすめ
メニュー

レシピ展開による原材料予測

　外食チェーンF社では、スイーツの種類の多さが売りのカフェを全国でフランチャイズ展開しています。店舗でスタッフが調理を行い、でき立てのメニューを来店客に提供します。調理に使用される原材料は、F社が保有する物流センターで保管されており、店舗から本部への注文をもとに、日々配送されています。

　F社本部の需給管理部門に所属している茶谷さんは、物流センターの需給管理が仕事です。店舗からの発注状況と、物流センターの在庫状況を見ながら、仕入先に原材料を発注していきます。そうして発注された原材料は、物流センターで一時保管された後、近隣の店舗へとトラックで配送されます。

　茶谷さんは原材料の発注計画を立てる際に、まずは物流センターの出庫予測を行います。つまり、出庫実績をもとに未来の出庫の見込みを立てていきます。その際にいつも頭を悩ませるのが、期間限定メニューです。

　「期間限定メニューに使われる原材料は、計画が難しいんだよなぁ」

　今月の期間限定メニューは、季節のフルーツを使ったタルトです。通常メニューには使用されないフルーツでデコレーションされた、今イチ押しの商品です。このメニューには、タルト生地や生クリームなどといった、通常メニューと共通の原材料も使用されています。つまり、**このメニューの販売期間には、普段使わないフルーツも調達しておかないといけない上に、普段から使用されるタルト生地や生クリームも、通常よりも多めに調達しておかなくてはなりません**。この調整を、茶谷さんはいつも面倒に思っていました。

　期間限定メニューは、それを目当てに来店するお客様がいるので、集客力アップのカギとなります。そのため、F社は戦略的に、毎月違った期間限定メニューを発売します。期間限定メニューが入れ替わる度に、茶谷さんは発注量の調整を行わなければなりません。

　「先月の期間限定メニューでもタルト生地は使っていたけど、クリームは味が変更になったから…」

いつもそれらしく調整はしてみるものの、確立された計算方法があるわけではなく、経験と勘に頼りがちで、予測が当たらないことも多い茶谷さん。もっと上手いやり方はないものでしょうか。

具体的な解決方法

茶谷さんのように経験と勘に頼るのではなく、もう少し理論的に原材料の必要量を見積もる方法として、「レシピ展開」があります。メニューの調理に必要な原材料とその必要量は、レシピで決められています。例えば、今月の期間限定メニューであるフルーツタルトのレシピ構成が、**図2.9**の通りだったとします。

レシピを見れば、フルーツタルト１個を作るのに必要な原材料が分かります。従って、フルーツタルトの販売数が分かれば、おのずとその分の原材料の使用量が決まるということになります。仮にフルーツタルトを500個販売するのだとすると、**図2.10**のように、各原材料の使用量を計算することができます。こういった計算を一般的に、「レシピ展開」と呼びます。

このようにすれば、フルーツタルトの過去の販売実績をもとに、それに使用したであろう原材料の数量が計算できます。また同様に、フルーツタルトの**未来の販売予測があれば、それに使用する将来の原材料の数量を計算することもできます**。

同じように、他のメニューについてもレシピ展開し、それらの結果を集約することで、各原材料がトータルでどれだけ必要となるか、見込みを立てることが可能です。例えば、全てのメニューの販売予測が可能なら、その予測結果を全てレ

季節のフルーツタルト
（1人前）

・タルト生地　…　1個
・生クリーム　…20ml
・ゼリー　…15g
・カットぶどう　…0.05缶
・カット洋梨　…0.08缶

図2.9　今月の期間限定メニュー「季節のフルーツタルト」のレシピ

```
季節のフルーツタルト                フルーツタルト500個の調理に必要な原材料
    （1人前）
・タルト生地    … 1個              ・タルト生地   … 1個   ×500 = 500個
・生クリーム    … 20ml      ×500個= ・生クリーム   … 20ml  ×500 = 10 L
・ゼリー       … 15g              ・ゼリー      … 15g   ×500 = 7.5kg
・カットぶどう  … 0.05缶            ・カットぶどう … 0.05缶 ×500 = 25缶
・カット洋梨    … 0.08缶            ・カット洋梨   … 0.08缶 ×500 = 40缶
```

図2.10　レシピ展開の計算例（フルーツタルト500個の場合）

シピ展開して、原材料ごとに合計値を算出すれば良いでしょう。ただし、期間限定メニューや新メニューだと、過去の販売実績がなく、販売数を予測できない、あるいは当たらない場合もあるでしょう。そのようなメニューについては、人の意思にもとづく販売計画を立案し、それをレシピ展開するという手もあります（**図2.11**）。

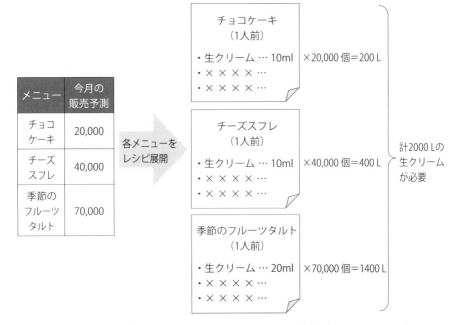

図2.11　レシピ展開を使った原材料の必要量の計算例（全メニュー展開）

また、企業によっては期間限定メニューと通常メニューを切り離して考えるケースもあります。定番メニューに使われるような使用量の多い原材料については、メニュー単位で販売予測を立案して結果を積み上げるよりも、原材料を合計してまとめて出庫予測してしまった方が、予測精度が良くなる場合も多いのです。

メニュー1品1品の販売数を精緻に予測できれば良いですが、予測が難しいメニューが含まれる場合もあります。その場合、個別の販売予測結果を足し合わせるよりも、原材料全体で出庫予測してしまう方が当たりやすいというわけです。

また、調達に時間がかかる原材料の場合、それだけ長期間の予測をする必要があります。1品1品のメニュー別販売数をそれぞれ長期間予測するよりも、原材料単位でまとめて予測してしまう方が簡便だ、というケースもあるでしょう。

そのような場合には、期間限定メニューで使用する分についてはメニューの販売予測をレシピ展開し、通常メニューで使用する分については原材料の出庫実績から直接、出庫予測値を出してしまい、後で合計する、といった合わせ技も可能です（図2.12）。

厳密には、通常メニュー分の出庫予測の際には、出庫実績全体から、期間限定メニューで使用された分を除いておく方が望ましいです。ここでもレシピ展開が有効です。期間限定メニューの販売実績をレシピ展開すれば、過去に期間限定メ

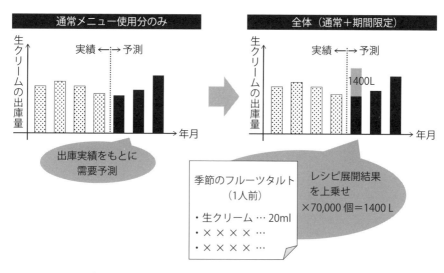

図2.12　レシピ展開を使った原材料の必要量の計算例（期間限定メニューのみ展開）

ニューで使用されたであろう原材料の数量が分かるので、それを出庫実績からあらかじめ差し引いておけば良いのです。

　以上のように、**レシピ展開を上手く使えば、理論的な原材料予測が可能**になります。この考え方は外食業だけでなく、PCなどの受注組立生産方式[1]でも応用できます。手順として確立してしまえば、経験の浅い担当者に業務を引き継ぐこともできますし、面倒な計算を自動化していくことも可能になるでしょう。

 さらなるステップアップを目指す手法

　ここでは、期間限定メニューの販売予測をレシピ展開することで、使用される原材料の数量を理論的に算出する方法を紹介しました。しかし、現実はもっと複雑です。以下についても考慮することで、さらなる予測精度向上を図ることができます。
①歩留
②リードタイム
③店舗の在庫状況
④メニューのカニバリゼーション
⑤終売期の需要傾向

　それぞれについて説明していきましょう。まず1点目の歩留についてです。歩留とは、投入した原材料に対する完成品の割合のことを言います。例えばクリームをボウルで泡立てた後、どれだけ綺麗にかき集めても、ボウルには多少のクリームが残ってしまい、いくらかロスが発生します。そのため、その分多めに原材料を調達しておかなくてはなりません。

　次に、2点目のリードタイムについてです。原材料の輸送には時間がかかります。従って、店舗でメニューが売れるタイミングより、数日早く物流センターから原材料を出庫しなくてはなりません。この時間のずれも考慮できると良いでしょう。

　それから、3点目の店舗の在庫状況についてです。メニューがよく売れていても、店舗に原材料の在庫が十分あれば、店舗から本部へ発注がかかりません。物流センターの在庫だけでなく、店舗の在庫状況も考慮できれば、さらなる精度向上が図れます（「6-5項　本社からは見えない店舗の冷蔵庫」参照）。

そして4点目の、メニューのカニバリゼーションについてです。カニバリゼーション（カニバリ）とは、共食いを表す言葉です。期間限定メニューと似た通常メニューがある場合、期間限定メニューの発売期間中は、通常メニューの販売数が減る可能性があります。この点についても考慮して、計画を立案すると良いでしょう。

最後に、終売期の需要傾向についてです。終売期には、需要が急減することもあれば、なだらかに収束していくこともあります。逆に、販売終了を目前に駆け込み需要が発生することもあります。期間限定メニューでは、このような終売期の需要予測が重要です。

期間限定メニューの販売において注意すべき点として、「その期間が終わると販売できない」ことが挙げられます。特に、芸能人やキャラクターとのコラボ商品の場合は、ライセンスの都合上、期間を超えて販売することは許されません。従って、期間中に消費しきれなかった原材料は、（通常メニューで使用できる原材料でない限り）全て廃棄となってしまいます。廃棄を減らすためには、特に終売期の需要を上手く予測しなくてはなりません。

有効な手段の1つとしては、類似品の終売期の需要傾向を参考にする方法が挙げられます。過去に販売した期間限定メニューの中から、今回の期間限定メニューに似たコンセプトの商品や、販売中の需要傾向が似ていた商品を選び、今回も同じ傾向で終売していくと予測します。もちろん予測が外れることもあるでしょうが、繰り返していくうちに、終売のパターンが見えてくるケースもあります。

(1) 受注組立生産方式：部品を在庫しておき、注文が入ってから組み立てて最終製品とする生産方式。

- 外食チェーンでは通常メニューに加え、期間限定メニューを販売することが多い
- 通常メニューと期間限定メニューの両方で使用する原材料は、期間中、期間限定メニュー用に通常より多く在庫を用意しておく必要がある
- メニューの販売計画や販売予測を「レシピ展開」することで、原材料がどれくらい必要となるのか、理論的に算出することが可能

2-6 街の自転車屋さんと直営ECで売れ方が違う!?

需要傾向に応じて予測単位を適切に分割

　自転車メーカーG社に勤める輪島さんは、昨年発売した製品Zの需要予測や需給調整を担当しています。この製品Zは、通常の自転車よりも荷物の積載量を大幅に増やすことができるキャリアが前後に搭載されたモデルです。オプションのかごをつければ、多めの買い物にも対応できて、普段使いでも活躍する一方で、積載量の多さから、キャンプ場に自転車で向かうキャンプツーリングにも利用されます。

　G社には3つの販売チャネルがあります。街の自転車屋さんである「一般販売店」、ホームセンターやショッピングモールにある「大型販売店」、「直営EC」を通して、消費者に届けられています。

　輪島さんは、海外にある工場で製造している製品Zの生産依頼数を検討するため、需要実績を確認しました。製品Zはやや特殊な製品ですが、実績は多くはないものの、比較的需要は安定しているように見えます。春先は進学や新社会人となった人が多く、自転車全体の販売が増える時期なので、近々の予測は少し多めとして、それ以外は平均的な予測としました（図2.13）。海外で生産している製品のためリードタイムは4ヶ月と長いのですが、在庫や発注残も確認したところ、この予測であれば欠品になることはないと判断し、今月の生産依頼数をいつもと同じくらいに決めました。

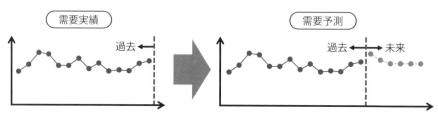

図2.13　輪島さんによる製品Zの需要予測

しかし、4ヶ月後、夏場を迎えて、製品Zは欠品を起こしてしまいました。原因は販売チャネルの1つ「直営EC」からの販売が大幅に伸びていることでした（図2.14）。輪島さんは、先月、需要が伸びていることに気付いており、生産依頼数を増やしてはいましたが、リードタイムが4ヶ月と長いため、製品の生産が間に合わず、欠品となってしまいました。事前に予測することはできなかったのでしょうか。

具体的な解決方法

輪島さんは、需要の傾向が異なる販売チャネルをひとまとめにして予測していました。しかし、次のように、一般販売店、大型販売店、直営ECで、需要の傾向が異なりました。

- **一般販売店**
展示していない店舗も多く、販売量が少ない。一部のツーリングバイクを専門

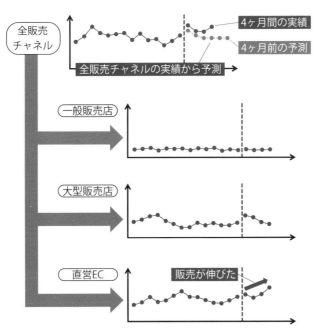

図2.14　4ヶ月後の実績と販売チャネルごとの実績内訳

55

とする店舗で少し売れる。

- **大型販売店**

製品を展示しており、通常の自転車同様、春先に比較的によく売れるが、その他の季節はそれほど売れない。

- **直営EC**

ニーズにマッチしたコアな層が検索エンジン、SNSなどから探し当て購入していくので、夏をピークに春や秋にも季節性がある売れ方をする。また、ゆるやかに上昇トレンドが見られ、販売台数が徐々に伸びている。

このように需要傾向が異なるものをひとまとめにして需要予測すると、需要の傾向が読みとりにくくなるケースがあります。このような場合、需要の傾向が異なるものを個別に予測して、あとから合算する計算方法があります（**図2.15**）。

今回のように、**需要の傾向に応じて細かく分割して**需要予測することで、**予測精度が向上する**ケースがあります。

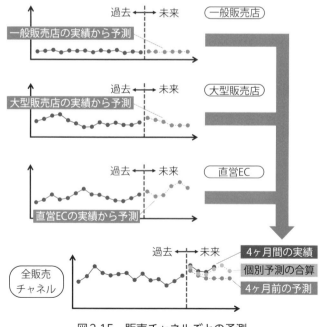

図2.15　販売チャネルごとの予測

さらなるステップアップを目指す手法

　ここでは細かく分割して予測するケースを紹介しましたが、**細かく分割しすぎると実績が少なくなり、逆に予測精度が悪化するケース**もあります。一般的に、ある程度実績をまとめた単位で予測することで予測精度が向上するため、どのような単位で予測するか、**予測精度を確認しながら**、**適切な単位を見つけることが重要**になります。

　また、最終的に予測したい単位の予測値にするためには、まとめた単位で予測した結果を按分する必要があります。按分する方法として、予測値ベースで按分する方法があります。予測値ベースで按分する方法は、まとめた単位での予測に加えて、最終的に予測したい単位でも予測しておき、予測値の割合を按分比率とします。そして、最終的に予測したい単位での予測値を式1で計算します。

　　　予測単位の予測値　＝
　　　まとめた単位の予測値
　　　　　× 予測値から求めた按分比率　　　　　　　　　　　(式1)

　ところで、実際の業務では、販売チャネル別の他に、製品の特性や物流ネットワークに応じて、様々な切り口で予測されることがあります。例えば以下のようなものが考えられます（**図2.16**）。適切な予測単位を検討する際の参考になれば幸いです。

◆製品別：色やサイズといったスペックのバリエーションごと
◆地域別：需要の傾向が異なる地域ごと
◆店舗別：立地や売り場面積が異なる店舗ごと

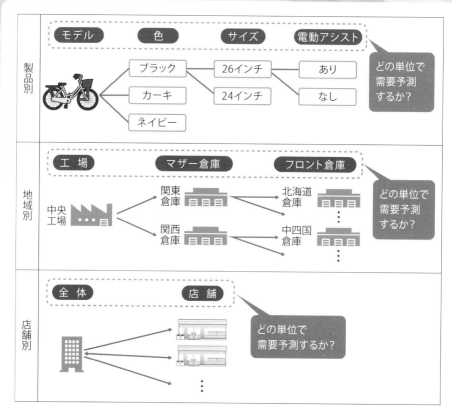

図2.16　様々な予測の単位

- 需要予測の際、需要の傾向が異なるものをまとめて予測すると、予測精度が悪化するケースがある
- 需要の傾向に応じて、予測する単位を適切に分割することで、予測精度が向上するケースがある
- 需要予測において、精度を見ながら、適度な予測単位を見つけることが重要

第2章　需要予測／需要計画における課題と解決策

2-7 天気と需要は気まぐれ

需要に影響を与える要因を考える

　全国に店舗を展開する外食チェーンH社では、セントラルキッチンで食材の調理を行い、各地にある物流センターで加工済みの食材を保管、物流センターから各店舗に加工済みの食材を届けます。各店舗では、最終調理を行い、顧客に料理を提供します。飯田さんはこれまで、東京にあるいくつかの店舗の店長を任されてきましたが、この4月から、本部のSCM部に異動になり、関東物流センターからセントラルキッチンへの生産依頼を任されることになりました。

　時期は7月に入ったところ。最近は気温もどんどん上がり、かなり暑くなってきたため、冷製パスタやシャーベットなど、冷たいメニューに使われる食材を多めに生産する計画を立てていました。7月後半に入り、物流センターの在庫を確認したところ、冷たいメニューに使われる食材の在庫があまり減っていないことに気が付きました。

　「おかしいな、予想通り7月はずっと気温の高い日が続いているし、雨も降っていない。例年同様、冷たいメニューが多く出荷されていても良さそうなのに…」

　不思議に思い、原因を調べてみると、昨年に比べて、店舗への来客が増えていないことが分かりました。今年の夏は例年よりも猛暑の日が多く、そもそも外出する人が減っていたようです。そのせいで、全体の出荷数が落ち込んでいました。

　8月に入ると、太平洋側を台風が通過する影響で、しばらく雨模様が続く見込みです。

　「雨が続くようだったら、外出は減って来客数は減るだろうし、出荷も減るはずだ」

　飯田さんは、全体的に普段より少なく生産するよう依頼しました。しかし、ふたを開けてみると、思ったよりも出荷数は減らず、むしろ店舗によっては出荷数が増えているところもあります。その店舗を調べてみると、駅直結のビル内にある店舗や、ショッピングセンター内にある店舗など、雨で逆に来客が増えたため

59

に出荷数が増えているようでした。

　9月は晴れてお出かけ日和が続くとの気象予報をもとに、出荷増加を見込んだ計画を立てますが、実際は、急な雷雨の影響で出荷数は減少することに…。気象状況によって、需要が様々に変わるため、飯田さんは翻弄されてしまいました。

　さて、飯田さんの何がいけなかったのでしょうか。今回のケースで需要予測を難しくしている要因は3つあります。

　要因の1つ目は、**気象の影響と需要の関係が単純な比例関係になるとは限らない**、ということです。夏になり暑くなってくると冷たいメニューが売れやすくなりますが、あまりにも暑すぎると外食する人が減って、そこまで売れなくなることがあります。また、アイスクリーム系のデザートは気温が25℃を超えると売れ始めて、30℃を超えると今度はシャーベット系のデザートが売れるということもあります。暑さとメニューの関係として、何℃までなら売れて、何℃からだと売れなくなるのかは、前日までとの気温差や湿度によっても変わってくるでしょう。

　要因の2つ目は、**商品特性や店舗の形態によって、気象の与える影響は異なる**、ということです。アイスコーヒーは気温が上がると売れますが、ホットコーヒーは逆に気温が下がると売れます。公園の横にある店舗なのか、雨に濡れずに行ける駅直結の店舗なのか、駐車場のあるショッピングセンター内の店舗なのかによっても、気象が与える影響は異なるでしょう。

　要因の3つ目は、**そもそも気象予報自体が外れる場合がある**、ということです。先々の需要を予測するために気象予報を活用したとしても、その予報自体が外れる可能性があることにも注意が必要です。特に予測したい期間が長くなればなるほど、気象予報の精度は低くなります。

　ここまで、気象の影響を例として挙げましたが、気象以外にも、需要に影響を与える要因はいろいろと考えられます（**図2.17**）。

　商品の値引きをすると販売数は増えますし、テレビCM放送中やキャンペーン期間中などは対象の商品の需要が伸びます。また、店舗近隣でお祭りなどのイベントがあると来客が増え、近くのライバル店が販促などを行うと自店の来客が減ることもあるでしょう。建築業界では、住宅着工件数の増加に応じて、少し遅れて内装建材が売れるといったことも考えられます。SNSは消費者、とりわけ若者世代にとって重要な情報源で、自社商品に関する投稿数の増加は需要変動の兆候と考えられます。需要が増加するのか、減少するのかは内容次第で、投稿数だけ

第2章　需要予測／需要計画における課題と解決策

図2.17　需要に影響を与える要因

でなくその内容も把握する必要があります。

　近年、原材料価格や物流費の高騰、円安の影響などで、食品・日用品の値上げが相次いでいます。値上げは事前に消費者に案内されるため、値上げ前に需要が伸び、値上げ直後にはその分需要が落ち込むということも起こっています。同じような現象は、増税やクーポン券の期限の前後にも発生します。平日と比較して祝日は来客数が増えるため、一般には需要が増える傾向にあります。オフィス街の店舗では逆に減る場合もあります。他にもバレンタインデーやハロウィンの前には関連商品が売れるなど、カレンダー情報も需要に影響を与える要因の1つです。

　このように、様々な要因を適切に考慮して、需要予測の精度を上げるためには、何が必要でしょうか。

 具体的な解決方法

　様々な要因を考慮して、需要予測の精度を上げるためには、以下のステップが必要となります。
①自社の需要に影響を与える要因を洗い出し、有用なデータを収集する
②商品や店舗の特性ごとに影響要因と需要との関係を分析した上で、予測に反映する

まずは、自社の需要に影響を与える要因を洗い出し、有用なデータを収集するところから始める必要があります。全てのデータを収集することは現実的に困難なため、情報の取捨選択も必要です。気象情報などは、オープンデータや他企業が提供しているサービスを利用する手もあります。しかし、これらは代表地点のデータであることが多いため、可能であれば店舗ごとなど、需要地点ごとに細かい情報を収集、記録することでより精緻な予測が可能になるでしょう。

また、有用なデータとは、未来の値をある程度の精度で予測できるデータであることを意味します。未来の値が全く予測できないデータや、予測できたとしても精度が低いデータは、需要予測に活用することができません。ただし、未来の値が分からなくても過去の実績を補正することに使うことは可能です。これについては「2-11項　その出荷実績、需要予測に使えますか？」で詳しく解説しています。

データが収集できれば、次に必要なことは、データの分析です。どのような商品や店舗が影響を受けやすいのかを分析します。天気、気温、湿度、降水量など、どの要因がどの程度影響するのか、影響を受けやすい商品や店舗に特性があるかなどです。相関分析や回帰分析などの分析手法を用いて、定量的に把握します。**需要と影響要因の関係を予測に反映することで、精度向上が図れる**でしょう。

分析することで新たな知見が得られることもあります。以前、需要と気象の関係を分析した際に、雨が降ると店舗でタバコが売れる、殺虫剤は日照時間の影響を受けるが、都会ではあまり影響を受けない、ということが分かりました。雨が降ると傘を差しながら自動販売機でタバコを買うのが面倒で、店舗で購入する人が増えるため売り上げが伸びたのではないかと考えられます。殺虫剤の例は、都会では、マンションなど気密性の高い住居が多いため日照時間は直接影響しない、ということかもしれません。このように需要と影響要因の関係が理解できると、どうすれば需要が増えるのか、どのような時に需要が減るのか、それを防ぐにはどうすれば良いのかを考えられるようになります。マーケティング施策に活用することも考えられるでしょう。

 さらなるステップアップを目指す手法

様々な影響要因を考慮して、需要予測精度を向上させるには、「データを収集

すること」と「データを分析すること」が必要だと述べました。しかし、商品数や店舗数、影響要因の数が多いと、全てを1つ1つ分析していくのは大変です。そこで、AIを活用することが考えられます。AIに様々な要因を学習させることで、その関係を自動で導き出してもらおうというわけです。ただ、AIは大量のデータを分析することに長けていますが、活用するためには相応のスキルと注意が必要になってきます。それについては、「7-6項　SCM課題の解決に有用な新技術①」で説明します。

Point

● 需要に影響を与える要因を洗い出し、有用なデータを収集する
● 使えるのは未来の値がある程度の精度で予測できるものだけであることに注意
● 商品や店舗の特性ごとに影響要因と需要との関係を定量的に分析し、活用することで予測精度を高めることができる

2-8 取引先が増えたり減ったり

最小単位で考える

　飲料メーカーC社は、期間ごとに卸・スーパーマーケットなどの取引先と契約して商品を納品しています。契約更新の度に取引先での納品店舗数が変わることが多く、出荷が安定しません。

　例えば、昨年のある商品における取引先ごとの納品店舗数を確認すると、図2.18のようになっていました。1Q（第1四半期）は取引先aと取引していて、250店舗への納品契約がありました。2Qでは500店舗へ拡大し、3Qではさらに全国展開して700店舗に拡大し、4Qは700店舗を維持しました。また、2Qからは1Qで取引していなかった取引先bとの契約が始まり、納品店舗数は100店舗で、3Qも同じ100店舗でしたが、4Qでは取引先bとの取引はこの商品ではなくなりました。つまり、短いスパンで商品ごとに取引先が増減し、同じ取引先でも納品店舗数が増減するという非常に流動的な形態です。

　そのため、同じ商品でも取引先への出荷実績が大きく変わり、過去の出荷実績から予測した結果が大きく外れることが多く、課題となっています。

　短い期間で取引先の変動がここまで発生するところは少ないかもしれませんが、納品店舗数が変わることはよくある話です。このような場合、どのように需要予測したら良いのでしょうか。

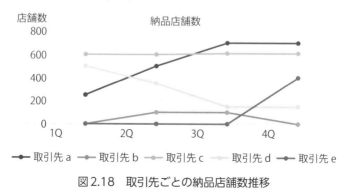

図2.18　取引先ごとの納品店舗数推移

具体的な解決方法

　C社のようなケースでは、取引先などの一番細かい単位で予測し、それらを積み上げて商品自体の予測とすると良いでしょう。すでに取引がある取引先の場合は「出荷実績÷店舗数」で1店舗当たりの出荷実績平均を算出し、店舗ごとの予測を行い、納品店舗数を掛けて、その取引先への出荷予測を作成します。

　新規取引先の場合は出荷実績がないため、同じ商品の他の取引先の出荷実績から推測するしかありません。同じ商品の他の取引先の1店舗当たりの出荷実績平均を算出し、その出荷実績平均に新規取引先の納品店舗数を掛けることにより、新規取引先の出荷予測が可能になります。ただし、他の取引先には取引規模が似ている取引先を指定する必要があります。規模が分からない場合は全ての取引先の出荷実績平均で代替する方法があります。

　新規取引先への取引を開始してから1ヶ月くらい経つと出荷実績が取得できるので、他の取引先の出荷実績を参照するのではなく、当該取引先の出荷実績を参照するように切り替えたいところです。しかし、取引開始直後は、最初の納品で在庫を積み上げることが多く、出荷が大きくなるなどイレギュラーとなる傾向があります。そのため、取引開始1ヶ月で当該取引先の実績を参照するのは少し早く、3ヶ月くらい待った方が良いかもしれません。また、その際は取引開始直後の出荷実績はイレギュラーであることが多く、参照する出荷実績の対象外とした方が良いでしょう。

　このようにして、取引先ごとの出荷予測を計算し、それらを合計することにより、商品の出荷予測が可能になります。**一番細かい単位で予測して積み上げる（合計する）**ことにより、納品店舗数を考慮できるようになるので、予測精度向上が期待できます。

 さらなるステップアップを目指す手法

　「具体的な解決方法」では、新規取引先の場合は他の取引先の出荷実績平均を参照する方法をお伝えしました。しかし、取引先ごとの規模が違う可能性があります。そこで、基準となる実績平均に比率を掛けて、新規取引先の予測値とする方法が有効です。具体的には、新規取引先の出荷規模に応じて比率を決定し、その比率で各取引先の出荷実績平均を補正します。ここではその比率を「出荷規模

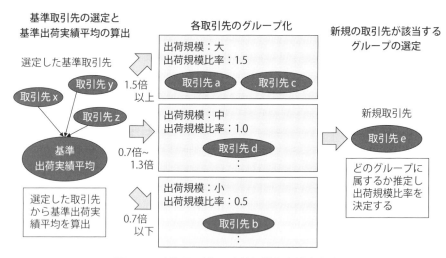

図 2.19　新規取引先の出荷規模比率推定方法

比率」と呼ぶことにします。このように**出荷規模の違いを考慮に入れることで、さらなる精度向上が望める**かもしれません。

例えば、既存の一部の取引先を選択し、選択した取引先の出荷実績から出荷実績平均を算出して「基準出荷実績平均」とします。予測対象商品を取り扱っている取引先の出荷実績平均の基準出荷実績平均に対する比率から、取引先をグループ化します。グループ化する際、各グループに「出荷規模比率」を割り当てておきます。その後、新規取引先がどのグループに属するか推定し、割り当てられた出荷規模比率をもとに「基準出荷実績平均×出荷規模比率」を算出し、新規取引先の出荷予測平均とします（**図2.19**）。

なお、新規取引先がどのグループに属するか推定する際、取引先の特性（企業規模や納品店舗数など）を参考にすると良いでしょう。

- 商品単位の出荷実績が大きく変動する場合、最小単位で予測して積み上げることが有効
- 新規取引先の特性が把握できる場合は、出荷規模比率を使用することでより精度良く予測できることがある

第2章　需要予測／需要計画における課題と解決策

2-9　ある日突然、大人気

SNSやPOSデータから「バズり」に気付く

　食品メーカーI社の工場では、とある商品の増産に追われていました。顧客である小売店各社から、次から次へと追加注文が入るので、作っても作っても生産が追い付かない事態となっています。

　急に売れ出したこの商品は、今年発売した新商品です。I社は、主力シリーズの新作として、この新商品を売り出しました。本シリーズは20年以上前に発売したロングセラー商品ですが、近頃は海外メーカーからも似たような商品が続々と発売され、売上が下降気味となっていました。そこで起死回生を狙って、今年の春に満を持して新作を発売したという訳です。

　新作が発売されれば、同シリーズのファンは一度は試してみようと思うものです。そのため、発売直後はそれなりの売上が見込めます。この商品も、発売直後は当初想定していた通り、よく売れました。これについては「想定の範囲内」だったので、予定通りに生産や出荷を進めることができました。

　テレビCMなどの効果で、新作の認知度が上がりつつあったある日、得意先の大手量販店からI社に大口の追加注文がありました。量販店の担当者によると、新作が急に売れ出し、一部の店舗で欠品が発生しているとのことでした。どうやら、若者の間で人気のインフルエンサーが動画配信でこの商品を「美味しい」と紹介したことがきっかけとなり、様々なSNSを介して、その口コミが急速に世の中に広まったことが原因だったようです。俗にいう「バズる」という現象が起きました。

　同じ日に、コンビニエンスストアやスーパーマーケットからも同様の追加注文があり、発売前から用意していた在庫は、あっという間に引当済みとなってしまいました。I社は「想定外の需要」に対応すべく、急遽、工場の生産計画を見直して増産を行いました。しかし、翌日もその翌日も、追加注文は絶えません。生産が追い付かず、欠品状態から抜け出せなくなってしまいました。その結果、市場に在庫が出回らず、全国の小売店で新作が品切れとなってしまう事態が発生しました。顧客からの相次ぐ追加注文に新作の増産が追い付かず、ついには他の商

67

品の生産を止めてまで対応しなくてはならなくなってしまいました。I社が威信をかけて発売した新作が、想定外の大ヒットとなり、喜ばしい半面、需給では大混乱を招いてしまったのです。なぜこのような状況になってしまったのでしょうか。一緒に考えてみましょう。

SNSには、多くのユーザーにフォローされているインフルエンサーが存在します。インフルエンサーが、とある商品についてポジティブな内容を投稿すると、フォローしている大勢の世界中のユーザーに対し、強い購買意欲を与えるため、一気に店頭在庫がなくなります。

こうして店頭在庫がなくなると、メーカーへの発注が集中して、メーカー在庫で欠品が発生してしまいます。メーカーはこれを回避するために、工場に対し緊急生産依頼を行いますが、工場にしてみると、急な生産計画の変更や残業対応、資材の調達に悩むことになります。また、緊急生産できたとしても、生産が終わってメーカー在庫が増えた頃には、すでに消費者の購買意欲が薄まっていて、結局在庫過多となる場合もあります。店舗とメーカーの間に卸売業者が入る販売形態の場合は、小売在庫に加えて卸売業者の在庫も関連してくるため、さらに問題が複雑になります（図2.20）。

また近頃は、インターネット上で個人が気軽に物を売買できるフリマサイトも増えており、転売目的で人気商品を買い占める人が増えています。「転売屋」

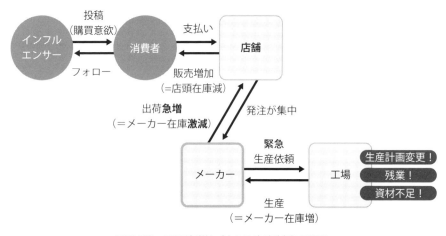

図2.20　需要急増に対する生産対応の遅れ

と、英語の「-er（〜する人）」を掛け合わせた、いわゆる「転売ヤー」と呼ばれる人々です。転売ヤーが人気商品を買い占めて品薄になると、商品に希少価値が生まれます。すると、ますます人気に拍車がかかるという訳です。

2020年には、新型コロナウイルス感染拡大の影響で、マスクの需要が急増し、特に都心部ではマスクの欠品が相次ぎました。小売店の棚からマスクがなくなり、補充される度にすぐ売れてしまうので、マスクがなかなか手に入らず困った読者も多いのではないでしょうか。この時も、転売ヤーによる買い占めが需要の急増を助長していました。

SNSの口コミや転売ヤーの買い占めにより、突然の需要増加で需給のバランスが崩れてしまうと、もとのバランスに戻すにはかなりの期間を要します。欠品による販売機会損失の影響も、相当な大きさとなってしまいます。この需給バランス崩壊を未然に防ぐには、一体どうすれば良いのでしょうか。

 具体的な解決方法

ここでは食品業界の例を挙げましたが、同じような問題はメーカー各社で起こり得ます。SNSによる需要の急増にメーカーが上手く対応できない理由として、以下の2つの問題が挙げられます。
①複数のインフルエンサーが存在するが、不特定である
②メーカーが知らない間に、短期間で爆発的に話題が広がる（バズる）

この問題を解決するには、インフルエンサーを特定し、そのインフルエンサーの投稿をメーカーがチェックできれば良いのです。そうすれば、今までよりも早く対応できるようになり、工場へも余裕を持った生産依頼が可能になる、ということです。

それでは、インフルエンサーを見つけるにはどうすれば良いのでしょうか。その方法の1つが、VOC（Voice of Customer）分析ツールの活用です。**SNSなどから消費者の声である投稿を収集し、有益な情報を抽出して、業務改善に役立てる**ことができます。例えば、自社の商品を登録しておき、その商品に関する投稿を収集すれば、その投稿に登場するユーザー名やフォロワー数が把握でき、インフルエンサーの発見が効率的に行えるようになるでしょう（**図2.21**）。

もしSNSの活用が難しい場合は、他のデータを活用することで対応すること

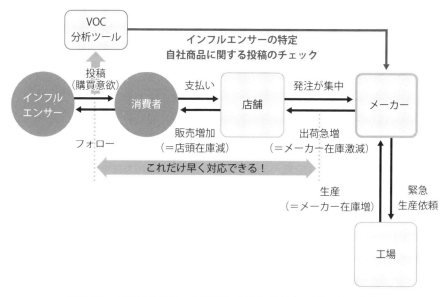

図2.21 VOC分析ツール活用による生産対応スピードの向上

も可能です。例えば、店舗のレジで商品が販売された時に記録されるPOSデータです。POSデータを監視することで、急激な需要変動をキャッチし、今までよりも早く対応することができるようになります（**図2.22**）。

これまでのように自社の出荷や在庫状況を確認してから対応していては、情報

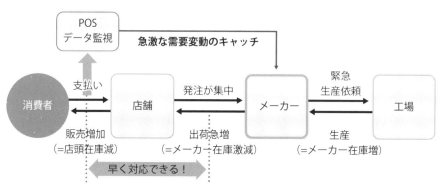

図2.22 POSデータ活用による生産対応スピードの向上

化社会の現代では、どうしても後手に回ってしまいます。その一方で、SNSデータやPOSデータなどを大量に、早く、そして簡単に取り扱うことができるようにもなってきました。これらのデータを有効活用して、先手の需給を実現していくことが、これからの需給管理のカギとなります。

さらなるステップアップを目指す手法

　ここでは、SNSやPOSのデータを上手く活用し、急激に変化する需要を迅速に捉える方法を紹介しました。需要の変化を素早く捉えることで、上手く先手を打って供給量をコントロールしていくことが可能となることについては、すでに述べた通りです。今度は逆に、需要量をコントロールすることにも着目してみましょう。

　先ほど、転売ヤーの買い占め行動が需要急増を助長していると述べました。近年ではメーカーが自社ECサイトで、消費者に直接商品を販売する形態も増えているので、メーカーとしても買い占め対策は必要です。「初回購入限定割引」のような転売ヤーに狙われやすい販促は控えた方が良いでしょう。また、同一人物が同じ商品を大量に買い占めるのを防ぐために、以下のような購入制限を設けることも有効です。

◆一度に購入できる個数に上限を設ける
◆購入履歴をチェックし、購入回数や頻度に上限を設ける

　ただしこの方法は、転売目的ではない、一般の購入者に対しても同様に制限をかけてしまいます。あまりにも制限を厳しく設定し過ぎると、一般の購入者まで自由に買い物できなくなり、売上や利益の減少にも繋がりかねませんので、注意が必要です。

　それから、需要量をコントロールするもう1つの方法として、「ダイナミックプライシング」という仕組みがあります。これは、商品やサービスの販売価格を、需要量や供給量の変動に応じて自動変動させる価格戦略で、近年注目を集めています。一般的に、顧客は商品をなるべく安く購入したいと考えるので、販売価格が上がるほど、需要は下がるものです。これを利用して、**販売価格を上下させることで需要量をコントロールし、利益の最大化を目指す**のが「ダイナミックプライシング」です。

ダイナミックプライシングの活用例として、代表的なのがホテル予約です。休日に比べ、平日は需要が低く空室が多くなります。そこで、同じプランでも曜日によって販売価格を変え、平日を割安に設定することで、人為的に休日の需要を下げ、平日の需要を高めることができます。こうすることで、平日の空室が減り売上増加に繋がるのです。逆に、需要が高い休日は割高設定となりますので、平日の値下げで多少減った分の利益は、休日に回収することができます。ホテル以外にも、乗り物やテーマパークのチケット販売、飲食店など、様々な場面でダイナミックプライシングが活用されています。

　このように、ダイナミックプライシングを使えば、利益を下げずに需要量をコントロールすることが可能になります。需要のトレンドを迅速に読み取り、供給側で対応し切れないような急激な需要増加が見込まれる場合には、販売価格を上げて、需要の抑制を図るのも有効な手段の1つかもしれません。

- 近年はSNSの口コミや転売ヤーの買い占めにより、突然の需要増加で需給のバランスが崩れてしまうことが多い
- SNSやPOSデータを上手く活用し、需要の急増にいち早く気付き対応することが重要
- 供給が追い付かないことが予想される場合には、購入制限やダイナミックプライシングにより需要を抑えるという選択肢もある

第2章　需要予測／需要計画における課題と解決策

2-10 上手く活用できない特売情報

部門間で情報連携ルールを決める

　ある日、食品メーカーI社の需給担当者である甘野さんのもとに、営業担当者の辛島さんから電話がありました。大手スーパーマーケットとの間で、現在売り出し中である季節性商品の、特売実施の契約が取れたとのことでした。こういった特売の契約を受注したら、その分の在庫を確保しなければなりません。そこでI社では、営業部門から需給部門へと、商談で決まった特売実施の情報を電話やメールで連絡する運用となっています。

　辛島さんによると、今回受注できたのは、来月の月末セールで期間は5日間。計800ケースの用意が必要とのことでした。この商品は、普段は1ヶ月に8000ケース程度出荷する商品です。この特売で1割増になるということですから、なかなかの大口受注です。甘野さんは早速、在庫状況を確認しました（**図2.23**）。

　今の計画だと、来月末に残る在庫は200ケースです。ここからさらに追加で800ケース出荷すると欠品してしまうので、在庫を確保するには急遽増産するしかありません（**図2.24**）。

	先月	今月	来月	・・・
P：生産	－	8500	8600	・
S：出荷	－	8900	8500	・
I：在庫	500	100	**200**	

来月末の在庫予定数は200ケース

図2.23　甘野さんが確認した現在の在庫状況

	先月	今月	来月	・・・
P：生産	－	8500	8600	・
S：出荷	－	8900	**9300**	・
I：在庫	500	100	**－600**	

出荷が800ケース増えると欠品！

図2.24　来月の月末セールを実施した場合の在庫状況

73

しかし、甘野さんは工場へ月次の生産依頼する際、きちんと安全在庫（欠品リスクを下げるために余分に保持しておく在庫）を積むようにしています。本来なら800ケース程度であれば、安全在庫で賄えるはずでした。なぜ来月末の在庫がこんなに少なくなっているのでしょうか。甘野さんは過去の記憶を辿りました。

　「そういえば辛島さんが先週も別のスーパーで特売をやった商品だ！」

　この商品は季節性商品であり、毎年この時期は需要のピークに向けて、特売の頻度が増えます。先週も特売がありましたが、辛島さんからその予定の連絡を受けたのは、今月分の生産計画が確定した後でした。そのため、前回の特売も安全在庫を切り崩すしかありませんでした。度重なる急な特売実施により、安全在庫を切り崩すような在庫調整を続けた結果、この商品は慢性的な品薄状態となっていたのです。

　この事実に気付いた甘野さんは、今回の特売への対応が厳しいことを辛島さんに伝えました。とは言え、特売を実施することは、顧客との間ですでに契約締結済みですので、今さらキャンセルすることもできません。話し合いの結果、甘野さんは工場側に増産を相談し、辛島さんは顧客側に特売の規模の縮小を相談してみるということで、この話は一旦落ち着きました。I社の特売情報の共有業務には、見直しの余地がありそうです。

　さて、営業部門が保持する情報の中には、需要計画の立案に活用すべき重要な情報が多数あります。例えば、以下のようなものが挙げられます。

◆ 小売店の販促（特売セールやチラシなど）

◆ メーカーの販促（テレビCMなど）

◆ 新規顧客の獲得

◆ 既存顧客における取扱店舗数の拡大、縮小

　これらは需要を大幅に増減させる要因となり得るため、適切に情報連携を行い、需要計画の立案に活用することが望ましいです。ところが、I社ではその情報連携が上手くできていませんでした。その結果、先述のような緊急対応を実施する事態を招いてしまったのです。

　実際、営業情報の連携で悩む企業は多数存在します。営業情報の部門間連携が上手く行かない主要な原因としては、以下の2点が考えられます。

①需給部門と営業部門の考え方の違い

②営業情報の連携基準の曖昧さ

まず、需給部門と営業部門の考え方の違いについて説明します。需給部門の仕事は、在庫を適正な状態に保てるよう需給をコントロールすることです。そのためには、生産や物流の計画を立てる前に、未来の需要量をなるべく正確に予測し、需要計画を立案しなくてはなりません。生産や物流の計画を立て、実行に移し、顧客のもとへと商品を届けるとなると、それなりの期間が必要となります。そのため、その下準備である需要計画は、ある程度早めに立案しておかなければなりません。需給部門としては、需要計画立案に間に合うように営業情報を入手しておく必要がある、ということになります。

　一方、営業部門の仕事は、顧客と契約を結び、より大きな売り上げを達成することです。顧客との信頼関係を築き、契約書にサインをもらうことが重要なので、基本的には顧客ファーストの立場となります。社内で少々無理な生産調整をすることになっても、契約を取ることが最優先なのです。無理な生産調整で苦労するのは需給部門ですが、その苦労が分からない営業担当者からは、なかなか営業情報を連携してもらえない、といったケースが多いようです。また、在庫がなければ顧客との契約も進められないので、早めに在庫を確保しようとする営業担当者もいます。確度の低いうちにエントリーしておきながら、その後契約が取れなくなった時に失注情報を連携してくれず、不要な在庫が確保されたままになってしまう、というケースもあります。

　次に、営業情報の連携基準の曖昧さについてです。営業支店が全国にある企業は、各支店に数名ずつ営業担当者が配置されています。中には数十名の営業担当者を抱える企業もあるかと思います。それだけの人数から日々、営業情報が連携されて来るわけですから、その連携の仕方には当然、個人差があります。辛島さんのように連携が遅い担当者もいれば、商談中の段階で情報を共有してくれる担当者もいます。また、受注できた契約全ての情報を連携する担当者もいれば、大口受注だけを連携する担当者もおり、様々です。

　その結果、需給部門でどこまでの情報を把握できているのか、あるいはできていないのかが不明確で、折角の情報を活かしきれません。また、不必要な情報まで集まりすぎて、需給部門で管理しきれないと悩む企業もあります。

 具体的な解決方法

　このように、連携には多くの企業が頭を抱える営業情報ですが、計画精度向上

のためにも、ぜひとも上手く連携し活用したいものです。そのためには、以下の3点が重要です。

①連携の基準やルールをきちんと決める
②定期的に振り返りを行い、営業部門へフィードバックする
③連携の仕組みづくりをする

　1点目の連携の基準やルールですが、**需給調整を行うのに必要な情報に絞るための基準を定める**ことが有効です。大口受注は影響が大きく、場合によっては生産計画も調整しなくてはなりませんが、小口受注であれば、安全在庫で吸収できてしまうので、いちいち生産計画を調整しなくても問題ありません。従って、需給部門側が全ての情報を受け取る必要はないのです。例えば、「前年同時期の販売数の○○倍の数量の時のみ需給部門へ連絡する」のような、大口受注のみに絞るための基準を定めると良いでしょう。

　また、その大口の受注情報を、生産調整可能な期間に連携してもらう必要があります。「営業情報の連携は前月までに行う。当月分の受注は禁止」といった、**期日を明確に設定することも重要**です。

　加えて、受注確度に関する基準を設定することも大切です。もちろん情報連携は早いに越したことはないのですが、早すぎると確度が低く、失注のリスクが高まります。在庫確保のキャンセルが増えすぎないよう、「確度が○○％以上になってから営業情報を連携する」、「内示が出てから営業情報を連携する」のようなルールがあると良いでしょう。

　2点目は、振り返りとフィードバックです。定期的に、連携された営業情報と実績を突き合わせて、**営業情報の連携の仕方・内容に問題がなかったかを確認**します。場合によっては、1点目の基準・ルールを見直すことにもなるでしょう。この結果は営業部門にも共有し、問題点とその改善策をきちんとフィードバックすることが重要です。こういった振り返りとフィードバックの機会を定期的に設けることで、部門間の認識の違いを埋めていくことができます。

　最後の3点目は、仕組みづくりについてです。電話のやり取りだけでは情報が手元に残らず、後で振り返りができません。管理台帳の作成やシステム化など、手段は様々ですが、いずれにせよ、履歴を残していく工夫が必要です。その際、決定した連携基準やルールが守られているかどうか、チェックするような仕組みもあると、さらに効果的です。

第 2 章　需要予測／需要計画における課題と解決策

Point

● 特売、販促、新規顧客の獲得など、需要計画に活用すべき営業情報が多数ある

● 営業情報を上手く活用するためには、情報連携の基準・ルールを定め、必要な情報だけが一定の期限までに連携されるようにすることが有効

● 運用に問題がないか、定期的に振り返り、部門間で認識合わせをすることも重要

2-11 その出荷実績、需要予測に使えますか？

異常値を見つけて補正する

　食品メーカーI社の需給担当者甘野さんは、毎月月初に、自身が計画を担当している製品の需要を予測しています。需要予測結果をもとに、在庫状況も加味しながら、工場に対して適切な数量の生産を依頼するのが、甘野さんの主要業務の1つです。

　今月も担当品の需要予測を行い、生産依頼の計画を立てていました。未来の在庫推移を見る限り、在庫数を適切に保てそうな見込みです。ところが、工場へ生産依頼する際、ある製品の生産依頼数に違和感を覚えました。

　「この製品、欠品している訳でもないのに、普段より依頼数が多い…？ そういえば先月も依頼数が多くなっていたような…。先月は需要予測が大きくなっていたから、予測値を見直したんだった」

　疑問に思った甘野さんは、工場に生産依頼する前に、原因を調べることにしました。確認したところ、今月も各月の需要予測値が、過去の平均出荷数の2〜3倍程度の大きさになっていたのです。

　「先月、需要予測値を修正したのに、今月も需要予測が大きくなってる…。どうしてだ？」

　出荷実績の推移を見ると、甘野さんはその原因が分かりました。

　「2ヶ月前に販促イベントがあった製品だ」

　2ヶ月前、I社は販促活動の一環で、各地で製品販売イベントを実施しました。イベントは大盛況で2ヶ月前は通常の約5倍の在庫を出荷しました。甘野さんはよく知られた統計的予測モデルを用いて需要予測をしていますが、今回の例のように急に出荷実績が大きくなると、今後も需要が増える傾向であると誤って予測されてしまうのです（図2.25）。需要傾向を誤認識してしまうほどの**一時的な需要の増減は、以下のような様々なケースで発生します。**

◆ 値引きや販促イベントの実施により、一定期間需要が増える

◆ 販促イベントの反動でイベント後に需要が減る

◆ 他社の販促イベントや新製品発売により、自社の製品の需要が減る

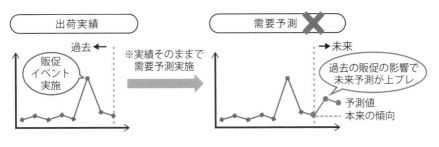

図2.25　製品販売イベント実施時の需要予測

◆ 大口の受注により、需要が一時的に増える
◆ 値上げ前に駆け込み需要、値下げ前に買い控えが発生する
◆ 地震、異常気象、感染症の流行といった天災により需要が増減する

　このようなケースで一時的に増減した出荷実績を「異常値」と呼ぶこととします。**出荷実績に異常値が含まれていると、需要予測値が本来の傾向とは異なるもの**となってしまいます。しかし、需要増減は一時的なものであり、実際にはこの期間が終わればもとの需要傾向に戻るため、予実の乖離が生まれ、予測精度が低下します。

　また、季節性を考慮した予測モデルを使用する場合、前年同時期に異常値があると、異常値による推移を季節変動と認識することがあるため、予測精度が低下します。例えば、1年前の2月に他社で販促イベントがあり需要が減った製品は、今年の2月の需要も去年の2月と似たような季節変動になると予測し、他社イベントがない通常の需要よりも減った予測になる可能性があります（**図2.26**）。

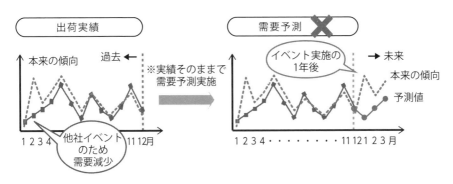

図2.26　異常値がある場合の季節性を考慮した需要予測

このままでは、販促イベントを実施するたびに出荷実績に異常値が生まれ、予測精度はどんどん悪くなってしまいます。どのように対応すれば良いでしょうか。

 具体的な解決方法

出荷実績の異常値の影響で、需要予測の精度が低下してしまった製品には、以下のような対応を取ることで、予測精度の改善を図ることができます。
- 予測値を修正する
- 出荷実績を補正する

1つ目の予測値の修正は、予測値が本来の傾向と異なっているものをチェックし、予測値を直接修正する方法です。しかしこの方法だと、予測値が異常値の影響を受けなくなるまで、継続的に修正する必要があり、手間がかかります。

2つ目の出荷実績の補正は、**異常な実績を本来の傾向の値に戻す方法です。需要予測の結果も本来の傾向の値になります**（図2.27）。継続的に対応する必要はなく、一度異常値を補正するだけで予測精度の改善を維持することができます。異常値のチェックと補正処理を全て手作業で行うのは現実的ではありません。人手で異常値となっている期間を指定し、前年同時期の実績や異常値前後の実績を使って自動的に補正する仕組みや、出荷実績変動の大小から異常値を自動検出する仕組みを作るのが有効です。

また、異常値の発生に繋がるようなイベントや大口受注などが発生した事実や、異常値に対して需要予測する上でどういった対応を実施したのか、履歴をメモとして記録しておくことも重要です。メモは他の関係者へ共有できるよう情報

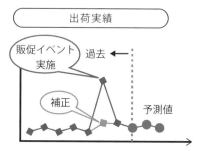

図2.27　出荷実績の補正による需要予測

として残しておくようにし、関係者が参照できる仕組みづくりもしておかなければなりません。

さらなるステップアップを目指す手法

　異常値の自動検出方法として、平均と標準偏差を使った統計的手法があります。出荷実績の平均、標準偏差をもとに、上限値（式1）、下限値（式2）を決定します。上限値を超える、または、下限値を下回る日の出荷実績が、異常値候補となります（図2.28）。

　　上限値＝平均＋α×標準偏差　　　　　　　　　　　　　　　　　　　　*(式1)*
　　下限値＝平均－α×標準偏差　　　　　　　　　　　　　　　　　　　　*(式2)*

　式1と式2では、αの大きさによって検出される個数を調整することができます。出荷実績の分布が正規分布に従う場合、統計学ではα＝3.0の時、約99％が上下限の範囲内に入ると言われています。つまり、100ヶ月のうち1ヶ月程度の割合で、出荷実績が上記の範囲の外に出るということになります。また、完全な正規分布でなくても実用上問題はありませんが、明らかに正規分布と異なる場合にはこの考え方は使えないため、他の方法を検討する必要があります。

　ただし、季節変動や曜日変動があると、通常の出荷実績でも異常値候補となってしまうことがあります。月・週別のデータの場合は季節変動、日別のデータの場合は曜日変動を、事前に除去しておくなどの工夫が必要です。

　このように、統計的手法により上下限の範囲を指定し、出荷実績の異常検出を自動化すれば、担当者は結果のチェックのみ実施すれば良くなり、手間を省くことができます。

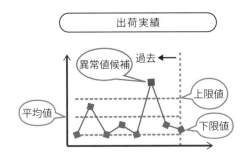

図2.28　異常値候補の検出

- 実績異常値の要因は、販促イベント、値下げ、天災など様々
- 出荷実績をそのまま需要予測に使うと、実績異常値の影響で想定通りの予測結果が出ない場合がある
- 異常値は事前に補正して、予測精度を向上させる工夫が重要

これが需給の現場の実態！？

リアルすぎる需給辞典

じゅようよそく 【需要予測】

　誰もが完璧にしたいと思っているが、決して完璧にはできないこと。その精度は企業や対象の商品によって様々であるが、おおむね神と占い師の間にある。

　例：そうだ、AIで**需要予測**すれば良いんじゃない？

　需要予測の精度が高ければ（極端に言えば予測誤差がゼロならば）、需給担当者のやることはほとんどないと言えます。しかし、実際には需要予測はしばしば外れ、需給担当者はその対応に追われます。

　そんな時、颯爽と現れたのがAI（人工知能）です。先進的な企業では、需要予測にAIを活用する試みが進んでいますが、必ずしも全ての試みが上手くいっているわけではなさそうです。すでにAIが人間の実力を超えた囲碁・チェス・将棋と需要予測を比較してみました。

項目	囲碁・チェス・将棋	需要予測
学習データの取得	勝敗に影響するデータを全て取得可能	① 需要に影響するデータが何かが分からない ② 需要に影響するデータが分かっていても全て取得できるとは限らない ③ 需要に影響するデータ自体が予測データの場合があり精度が低い
学習データの件数	コンピュータ同士の対局によって短時間で大量の学習データの生成が可能	学習のために短期間に大量の製品を発売することはできない →説明変数の数に対する学習データの件数が少ない
学習空間	ルール固定のため過去の学習が常に有効	市場・顧客も常に変化するため、過去の学習が無効となる可能性がある

　こうして見ると、AIと需要予測は思ったほど相性が良くないように思います。

83

著名な計算機科学者のアラン・ケイは研究の将来予測を求められ「未来を予測する最善の方法は、それを発明することだ」と答えたと言います。たった今、予測誤差をゼロにする唯一の方法を思いつきました。需要予測をゼロとして、決して売らないことです。

はんそく【販促】

　効果があるかどうか分からないが、やり続けないと不安で仕方がないダイエットのようなもの。期待したにも関わらず全く効果がないことを販促負けという。
　例：来週に大きな**販促**が決まったのですが、在庫ありますか？

　販促は売上向上に欠かせない施策のひとつです。そのため販促は頻繁に行われ、販促をやっている期間を販促期間と呼ぶよりは、販促をやっていない期間を販抑（販売抑制）期間と呼んだ方が良いのではないかと思うことさえあります。
　販促の効果を予測することは至難の業で、予測はおろか実施した販促の効果を測ることさえ困難です。販促をやった世界とやらなかった世界のパラレルワールドがあれば良いのですが。

　私の知人は、次から次へと新しいダイエットに取り組んでいますが、全く効果が見られません。リバウンドでやる前よりも太ってしまっていることさえありますが、やらなかったらもっと太っていたはずだと言い張ります。一度ダイエットを止めてみたら事実が明らかになると思うのですが、今もやり続けています。

はんばいけいかく【販売計画】

　営業担当者が売りたい、売れたら良いのにと願う数量または金額のこと。合格祈願の絵馬と同様、実際に願いが叶うかは分からない。また、それを見たほとんどの第三者は誰もその結果を確認しようとしない。本人は結果を知ってはいるが、上手くいった時は満足して何もせず、失敗した時は落ち込むだけでやはり何もせず、次こそは上手くいく保証もない。
　例：在庫が多いのに欠品率が高いのは、**販売計画**の精度が低いせいです。

需給担当者から販売計画の精度が低いので何とかしたい、という声をよく聞きます。しかし、そもそもその販売計画が需給管理を目的とした計画ではなく売上目標的な位置付けの場合があります。このような場合、営業担当者の興味は「単品ごとの販売数量」ではなく「カテゴリごとの販売金額」です。ある製品の販売進捗が思わしくなければ、別の製品でカバーしようとするのです。

　また、予算目標を達成するために過大な計画を立てたり、目標達成を狙って過少な計画を立てたりすることも考えられます。まずは、単品ごとの計画精度の重要性を認識してもらうことから始める必要があります。販売計画精度の向上に不可欠なのが、精度の評価と精度が低かった時の原因究明・業務改善です。

　受験と同じように、失敗を次に繋げる PDCA が大切です。

第 **3** 章

生産計画における課題と解決策

3-1 そんなに一気に作れません！

余力がある時期に前倒し生産

　これは食品メーカーI社の甘野さんが新人だった頃のお話です。甘野さんは入社後、需給計画の立案を行う部署に配属になりました。甘野さんの主な業務は、毎月、担当製品の生産計画を立案し、工場に生産依頼を行うことです。今月も需要予測の結果をもとに、在庫状況を加味しながら、翌月の生産計画を立案しています。

　「今は需要が少ない時期だし、在庫も十分あるから、生産計画はこんなものかな」

　閑散期ということもあり、甘野さんは通常より少なく生産計画を立案しました。数日後、工場から甘野さんのもとに連絡がありました。

　「この計画だと生産ラインを止めることになります。この先の繁忙期に備えて、前倒しで作っても良いですか？」

　作り過ぎることにより賞味期限が過ぎて廃棄になってしまうことを恐れた甘野さんは、在庫が過剰になってしまうことを防ぐため、最初に立案した生産計画の通り作ってもらうことにしました。

　数ヶ月後、甘野さんはいつも通り生産計画を立てていました。

　「そろそろ繁忙期に入るから、多めに作らないといけないな。あれ？ でも、この生産計画だと、残業して作ってもらわないといけなくなるな…。ここ数ヶ月、需要予測もそんなに大きくは外してないし、ちゃんと計画通りに生産もできていて、在庫も適正だったのに…」

　入社して初めての繁忙期だったため、生産計画が「生産能力」を超えるということを考えられていませんでした。しかし、欠品を起こさないためには頑張って作ってもらうしかありません。仕方がないので、工場に事情を説明し、立案した生産計画で作ってもらうことにしました。

　なぜ、このようなことになってしまったのでしょうか。甘野さんの考えの通り、在庫が過剰にならないように「必要な時に必要な分だけ作る」ということは大事です。しかし、実際には、生産能力のように考慮しないといけない制約条件があります。**特に繁忙期があるような製品の場合、繁忙期の直前にまとめて作る**

のは大変です。どのように対応すれば良かったのでしょうか。

 具体的な解決方法

　I社のように閑散期と繁忙期がある場合、月ごとの生産計画に偏りが出ます。生産計画が生産能力を超過している場合、以下のような対応が考えられます。
①残業対応
②生産リソースの増強
③生産負荷の平準化

　1つ目は、生産能力を超過している分を残業して作る対応です。超過が少しであれば問題ないかもしれませんが、超過が多くなると、長時間労働などの問題になります。
　2つ目は、人員や設備を増強したり、AIやIoT（Internet of Things：モノのインターネット）などの最先端技術を活用して業務の効率化を図ることで、生産能力自体を大きくする対応です。しかし、人手不足が問題となっている現代では人員の増強は容易ではありません。また、設備の増強や最先端技術の導入には多額のコストがかかるため、金銭的な余裕がなければこの対応も難しい場合があります。
　3つ目は、デコボコした月ごとの生産計画を平準化する対応です。**繁忙期などの能力超過分を余力がある時期に作っておくことができれば、残業や生産リソースの増強といった特別な対応をすることなく、能力の範囲内で生産できます**。生産計画を平準化することを「負荷調整」と呼ぶこととします。
　生産ラインごとの生産計画における負荷調整では、ラインの能力上限と下限の範囲に収まるように調整します。能力上限の超過分または能力下限の不足分を前倒しまたは後ろ倒しすることで負荷調整します（**図3.1**）。
　能力上限・下限を調整することで、生産計画をどのくらいにしたいかを調整できます。例えば、外部へ委託生産しており、生産量が契約条件になっている場合などは、能力下限を上限に近付けることで、生産ラインごとに能力の上限一杯まで生産するように負荷調整することが可能になります（**図3.2**）。
　また、生産ラインが複数ある場合は、1ライン当たりの能力の上限・下限を考慮しながら、1ラインで足りなければ別のラインで生産するよう負荷調整する方

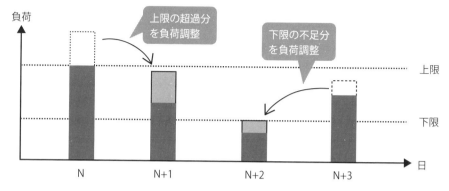

図3.1　能力上限と下限の範囲に収まるように調整

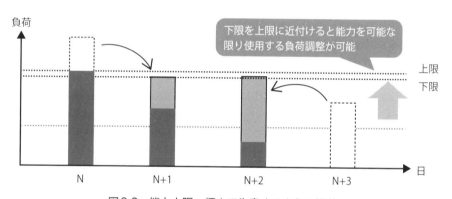

図3.2　能力上限一杯まで生産するように調整

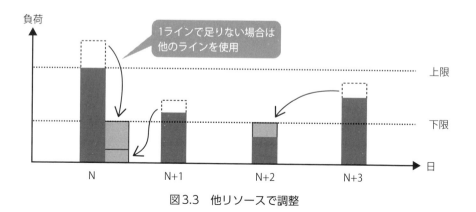

図3.3　他リソースで調整

法もあります（図3.3）。

　後ろ倒しをする場合、本当に必要なタイミングより遅く生産することになるので、欠品を引き起こす危険があります。後ろ倒しをする際は、在庫状況を考慮して慎重に調整する必要があります。また、**食品業界のように出荷期限がある製品や需要のバラつきが大きい製品を調整する場合は、早く作りすぎると出荷期限切れを起こす恐れがあるため注意が必要です**。例えば、出荷期限が短い製品や需要のバラつきが大きい製品は前倒ししない、といったように前倒し可否や前倒し期間を予め決めておくことが重要です。どの製品をどれだけ前倒しまたは後ろ倒しするかを考える際は、在庫状況、出荷期限、需要のボリュームやバラツキなどを考慮して決定する必要があります。調整する製品、量を決める方法の一例を「さらなるステップアップを目指す手法」で紹介します。

　このように、生産計画を前倒しまたは後ろ倒しすることで、負荷調整することができます。しかし、生産計画が常に能力上限を超えている場合は、前倒しまたは後ろ倒しができないため、残業対応や生産リソースの増強といった対応の検討が必要です。

さらなるステップアップを目指す手法

　複数の製品を生産している生産ラインについて負荷調整を行う場合、どの製品をどのくらい前倒し、または後ろ倒しするかを決める必要があります。調整する製品、量を決めるには様々な方法がありますが、今回は以下の2つの例を紹介します（能力上限一杯まで生産するように調整する例です）。

①**調整量の割合が均等になるように、全製品を調整する**
　生産計画に対する調整量の割合が均等になるように、全製品を対象に調整します。この方法では、生産する製品の在庫レベルを均等に保つことができます（図3.4）。

②**生産する製品をある程度固めるように、特定の製品を調整する**
　今回生産する製品数が増えないように、また、次回生産する製品を減らすように特定の製品を対象に調整します。この方法では、各回に生産する製品数を絞ることができ、段取り替えの回数を減らすことができます（図3.5）。

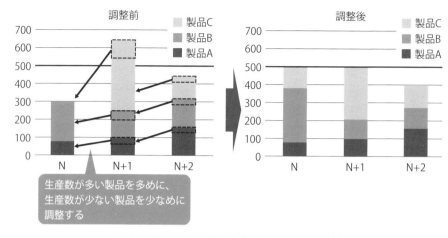

図3.4 調整量の割合が均等になるように調整

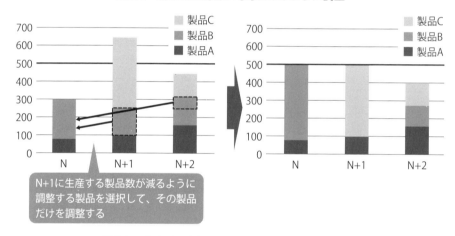

図3.5 生産する製品をある程度固めるように調整

- 繁忙期のように生産能力に対して需要が大きい場合、直前にまとめて作るといった対応ができないことが多い
- 生産能力を超過する計画となる場合、余力がある時期に作るように負荷調整をすることが有効
- 前倒しすると出荷期限切れのリスクも高まるため、出荷期限の特性に応じて前倒し期間を設定することが重要

第3章　生産計画における課題と解決策

3-2 現場の苦労を知らない計画マン

在庫バランスと生産効率はトレードオフ

　需給計画の立案業務を担当していた良田さんは、引っ越しを機に10年務めた金属系部品メーカーを退職、引っ越し先の近くにあるプロセス系化学メーカーJ社に転職しました。本人の強い希望と前職での成果も認められ、同じ需給計画の立案を担う部門への配属が決まりました。

　新しい職場にも慣れてきた頃、ようやく担当する製品を持つことになり、早速自分の担当する製品の過去実績データを調べることにしました。

　「前の職場で担当していた金属部品と違い、需要も安定しているな。これだけ安定していれば需要予測も結構当たるんじゃないかな。今は在庫バランスがデコボコして悪いけど、これならすぐに適正化できそうだ」

　担当する製品ごとの需要を予測し、今ある在庫と照らし合わせながら来月の生産依頼数を計算し、意気揚々と工場へ生産依頼を送りました。

　数日後、工場から送られてきた生産の日程計画を見てびっくりする良田さん。

　「依頼した数字と全然違うな。これだと作りすぎて在庫が多くなっちゃうし、その分こっちの生産が遅れて在庫がギリギリ持つかどうか…。前の職場でも多少変更になることはあったけど、これは酷すぎる。在庫バランスがいつになっても良くならないどころか、欠品して大問題になってしまうよ」

　良田さんは、早速工場の生産担当者である安井さんに確認します。

　「なぜこちらの生産依頼通り生産してもらえないんですか？　この生産計画では、在庫バランスが悪くなってしまいます」

　安井さんは答えます。

　「情報もないのに在庫バランスについて分かるわけがない。そもそも、あんな依頼通りに生産できるわけないよ。**生産するためには考えなきゃいけない制約がたくさんあるんだから。もうちょっと生産効率を考えてください**」

　安井さんの言う制約や生産効率の詳細が分からない良田さんですが、安井さんと意見交換するうちに、お互いが主張することが分かってきました。

　まずは良田さんの主張を整理してみます。

93

- 欠品を抑制し、かつ過剰な在庫を持たないためには、どの製品も適正な在庫をキープする、つまり在庫をバランス良く持つことが最も重要である
- 需要の少ない製品は一度に生産するのではなく、小分けに生産することで在庫が過剰にならないようにしている
- 一番良いタイミングで計画しているため、生産を後回しにされてしまうと欠品しそうな製品が発生してしまう

その通りですね。では、安井さんの主張を整理してみましょう。
- (特にプロセス系製造業の場合、投入する原料や生産設備の関係などで) 最小製造ロットサイズの制約が存在する場合が多く、少量だけ生産することができないケースが多い
- 生産する製品を切り替えると(生産設備の洗浄などで)段取り替えロスが発生するため、なるべく同じものを連続して生産した方が効率が良い
- 連産品や副産物[1]が多く、生産計画が複雑になるため、生産依頼通りには生産できない
- 需要予測の値は連携されず生産依頼のみ送られてくるので、制約を満たすように計画を入れ替えた時、欠品しそうなのかどうか判断できない

こうやって整理してみると、安井さんの主張も間違いではないですね。良田さんは、今までの金属系部品メーカーの生産事情と違う点が多いことを理解できましたし、安井さんは、良田さんが製品ごとに需要を予測して欠品や在庫過剰にならないよう計画を立てていることを理解しました。最後には、お互いそれぞれの主張を理解した上で、どうすべきか具体的な解決方法を導き出しました。それではその方法を見てみましょう。

 具体的な解決方法

これまでの良田さんと安井さんのやり取りの通り、「在庫バランスの良い計画」と「生産効率の良い計画」の間にはトレードオフの関係が存在します。この2つを両立するための方法を「安くて美味しい料理」を例に見ていきましょう。

在庫バランスの良い計画のことを「美味しい料理」、生産効率の良い計画のことを「安い料理」と呼ぶことにします。これを図3.6に表します。

第3章 生産計画における課題と解決策

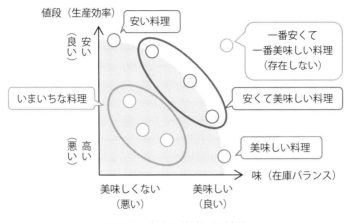

図3.6 安くて美味しい料理

　良田さんの考えた計画は、在庫バランスが一番良い「美味しい料理」でしたが、いかんせん値段が高かったようです。一方、安井さんが考えた計画は生産効率が一番良い「安い料理」でしたが、残念ながらあまり美味しくはないようです。理想は「一番安くて一番美味しい」料理ですが、そんな料理はないですよね。こういった場合、通常は「安くて美味しい料理」を探すことを考えます。つまり、どうしても守らないといけない制約を考慮した上で、在庫バランスが大きくバラつかない計画を考えるわけです。図3.6に示す通り、答えは1つに絞れるわけではなく、実際は複数の中から条件を満たす計画の中から、いまいちな料理を除外して、安くて美味しい料理を見つけていく必要があるので、大変な作業には変わりありません。

　それではどうすれば良いのでしょうか。**生産依頼の段階で、ある程度制約が考慮できたら、安井さんが調整しないといけない作業も減るし、今回のような担当間の混乱もなくなって、結果的に効率良くバランスの取れた計画立案ができるの**ではないでしょうか。その方法について詳しく説明したいと思います。

 さらなるステップアップを目指す手法

　まず、需給担当者の立場で判断が難しい点を考えてみましょう。
◆生産依頼の段階で段取り替えを考慮する

例：最低製造ロットサイズ＝50のケース

STEP1		1月	2月	3月	4月
生産	製造発注残		50		
	生産依頼			30	120
需要予測			80	130	120
在庫	数量	150	120	20	20
	安全在庫	20	20	20	20

→

STEP2		1月	2月	3月	4月
生産	製造発注残		50		⑳
	生産依頼			**50**	100
需要予測			80	130	120
在庫	数量	150	120	40	20
	安全在庫	20	20	20	20

一旦、安全在庫をキープするように生産依頼数を計算

最低製造ロットサイズを満たすように後続の生産依頼を前倒し

図3.7　最低製造ロットサイズを考慮した生産依頼数の計算イメージ

◆ 連産品と副産物の計画も他の製品と同様に在庫バランスを考えて計画する

　この2つについては、計画段階で考慮することは困難です。
　一方で、以下の2つに関しては計画段階でも考慮することが可能です。
◆ 最低製造ロットサイズの制約を考えながら計画する
◆ 生産依頼のタイミングで、需要予測の値も一緒に連携する

　具体的には、図3.7のように2ステップで計算して、生産依頼だけでなく需要予測の値も一緒に連携すれば、今までよりも良くなるということですね。

(1) 連産品や副産物：どちらも1つの原料から必然的に複数発生するモノであるが、連産品は同一工程において同一原料から生産される異種の製品であって、相互に主副を明確に区別できない。例えば、原油を加工すると、ガソリン・灯油・軽油・重油などが生産できるが、ガソリンだけを生産することはできない。一方で副産物とは、豆腐を作る際に必ず発生する「おから」のように、主副を区別することはできるが、同様に単独での生産はできない。

- 在庫バランスの良い計画と、生産効率の良い計画にはトレードオフの関係が存在する
- 実際の生産では、最低製造ロットサイズの制約や、段取り替えロスを最小化するために、まとめて生産することがある
- 連産品や副産物のように、単品での生産ができない製品もある
- 初期計画段階で考慮できる制約は加味した上で計画することにより、サプライチェーン上の混乱を緩和することができる

3-3 そのまま出荷？ 組立に使用？ 半製品の管理

出荷分と組立分の合算

電子部品メーカーL社の角野さんは先月、営業部から需給管理部に異動になった28歳の若手社員です。需給管理部では、L社が製造するジャイロセンサー（回転運動を計測可能なセンサー）の需給を担当しており、工場の担当者が生産計画を立てるための生産依頼数を月1回提示しています。ジャイロセンサーのような半製品は、最終製品（例えば、スマートフォン、ドローン、ロボット、カメラ、自動車など）を製造するメーカーにセンサーのチップ単体で直接出荷することもあれば、加速度センサー、気圧センサーといった他のセンサーや電子部品を組み込んだモジュールとして出荷することもあります（図3.8）。

ある日、角野さんは、ジャイロセンサー生産ラインの管理リーダーから、
「この間までセンサーAの緊急生産で忙しかったけど、やっと落ち着いたよ。センサーAの在庫が予想外に減っていたみたいで。センサーAを使うモジュー

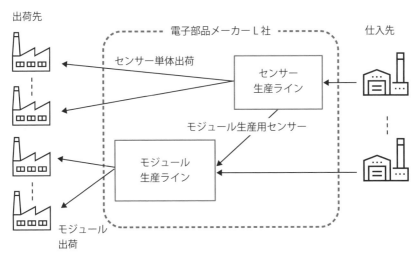

図3.8　電子部品メーカーL社のサプライチェーン

ルも作れなくなるから、優先的にセンサーAを作らないといけないし、そのせいで他製品の生産は遅れるし、大変だった。普段はそんなことないのに、どうしてだろうね」
という話を聞きました。センサーAは角野さんが担当しており、話に出た緊急生産は、先日角野さんが依頼したものでした。気になった角野さんは、緊急生産を依頼することになった原因を調べることにしました。

角野さんは、センサーAの生産依頼をするにあたり、センサーAを直接出荷した実績数と、モジュール生産の部品として必要になった実績数をもとに需要予測していました。しかし、緊急生産になった時は、その予測が低めに外れたため、センサーAの在庫が枯渇し、欠品寸前になりました。直接出荷した量が増えたのか、モジュール生産に必要となった量が増えたのかを確認すると、モジュールXの生産に必要になった量が大幅に増えたためでした。

次の日、角野さんは前の部署である営業部の同期に、
「この前、モジュールXの生産が急に増えたんだけど、どうしてか知ってる？」
と聞いてみたところ、
「ああ、あの時のことね。中堅の電機メーカーが、農業向けの特殊ドローン市場に参入するらしくて、大口の受注が取れたんだよ」
とのことでした。

ドローン市場はまだまだ市場拡大の余地があり、既存メーカーも販売台数を伸ばしている上、新規参入もあります。またスマートフォン向けのモジュールは、スマートフォン本体の販売中止や、新機種の販売によって、需要が変動することが影響します。さらに、ジャイロセンサーは、**単体での出荷に加えて、複数のモジュールで共通利用されるため、需要変動が複雑で読みにくい製品**ということも分かってきました。この前の緊急生産に加えて、急に在庫が欠品、過剰になるというリスクもありそうです。どのようにしたら、緊急生産や欠品、過剰在庫を避けられるでしょうか。

 具体的な解決方法

角野さんは、センサーAの需要を直接出荷した実績数と、モジュール生産全体で必要になった実績数をもとに予測していました（**図3.9**）。
改善策としては、メーカーからもらえる受注情報や内示情報をもとにして立案

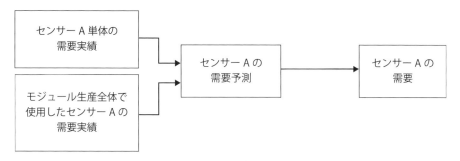

図3.9　センサー需要の算出方法（改善前）

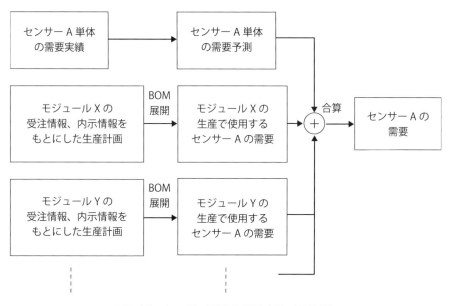

図3.10　センサー需要の算出方法（改善策）

されている各モジュールの生産計画をBOM展開することで求まるセンサーの必要数と、センサー単体の需要予測を合算して、センサーの需要とすることが考えられます（図3.10）。

　また、モジュールの生産計画は、出荷先から、製品の販売中止や、新製品の生産予定など反映できるような業務上の仕組みがあれば、なお良いです（「2-10項

上手く活用できない特売情報」参照)。

　ここでは電子部品単品とモジュールを例に説明しましたが、他にもビール単品とギフトセット、焼き菓子やチョコレート単品とアソート、ベビー服単品と出産祝いセットなど、同じ考え方で対応できます。

 さらなるステップアップを目指す手法

　自社で生産している部品については、安全在庫を確保しつつ、生産所要量を計算する必要があります。

　一方で、他社から調達する安価な部品の場合、とにかく在庫をきらさないよう大量に仕入れて、在庫しておくという管理方法があります。部品1つ1つが安価で、サイズも小さければ倉庫のキャパシティは気にしなくて良いですし、部品が陳腐化するリスクも低いためです。

　工場への生産依頼数を算出する作業工数が大きい場合は、この管理方法を選択する方が合理的なケースもあります。しかし、システムに計算させるのであれば作業工数は大幅に減らせるため、**サイズが小さく安価な部品でも、適正な安全在庫水準を保つように生産／調達すれば、在庫削減、ひいてはキャッシュフローの改善に繋がる可能性**があります。

　状況を鑑みて、適切な管理方法を選択しましょう。

- 単体でも出荷可能である一方、他の製品に組み込まれて出荷される半製品は、需要変動が複雑になりがちで、生産計画が立てにくい
- 製品の生産計画をもとに、BOM展開により組み込まれる分を算出し、単体での出荷量予測とあわせて、半製品の需要とする
- 半製品のうち、サイズが小さく安価なものは、在庫管理が甘くなりがち。システムに任せるのであれば、適正な在庫水準を保つよう改善の余地がある

3-4 資材はいつ、いくつ必要？

BOM展開による資材の所要量計算

　読者の皆さんは、世の中に新型コロナウイルスが蔓延し始めた2020年以降、世界的な半導体不足が発生したことを覚えているでしょうか。技術革新や、コロナ禍におけるリモートワークの普及で半導体の需要が高まる一方で、国内メーカーの工場火災や自然災害などの要因が重なって、サプライチェーンの混乱が生じ、供給量が激減したことが原因でした。また、ロシアによるウクライナ侵攻も、半導体製造に必要な貴ガス（希ガス）やパラジウムの供給不足の要因となり、半導体不足に拍車をかけました。

　半導体は自動車やスマートフォンなど、様々な機械製品に使用されており、我々の生活には欠かせない工業部品です。数年に渡り続いた半導体不足は、多くの業界で経済的影響をもたらしました。

　機械メーカーK社も、当時この半導体不足の煽りを受けた企業の1つです。K社は機械製品の製造をしており、主要製品の多くで、構成部品として半導体が使用されています。需給担当の半沢さんは、半導体を含む様々な資材の調達を担当していますが、世の中の半導体不足は半沢さんの調達業務にも影響を与えました。

　半沢さんはそれまで、毎月の資材使用量から、定期的に各種資材を補充する方式で大まかに調達計画を立案していました。過去の資材使用量の実績を見て調達計画を立てていましたが、この先、生産に使用される予定の資材については、十分に考慮はしていませんでした。

　また、以前は仕入先への注文後、数週間で工場に資材が届いていました。しかし2020年以降は半導体不足の煽りを受け、資材の調達リードタイムが2ヶ月、3ヶ月と長くなっていました。その結果、従来のやり方のままでは資材の調達が間に合わず、製品を計画通りに生産できないことが増えており、半沢さんは頭を抱えていました。

　「この状態が続けば、この会社は顧客からの信頼を失ってしまう。製品の安定供給のために、調達計画の立て方を見直さなければ！」

半沢さんは、資材の調達が間に合わない状況を打破すべく、調達計画の立案方法や立案タイミングを見直すことにしたのでした。

　さて、資材の調達には、多かれ少なかれ、必ずリードタイムが発生します。注文すればすぐに届く資材であれば、あまり厳密に考える必要はないかもしれませんが、到着までにある程度時間を要するような資材を調達する場合には、きちんと調達リードタイムを考慮しておく必要があります。そうしないと、K社の例のように資材の調達遅れが発生し、自社の供給体制に悪影響を及ぼしかねません。
　では、調達リードタイムを考慮して資材がいつ、いくつ必要なのかを計算するには、具体的にはどうしたら良いのでしょうか。また、その調達計画をいつまでに立案できれば、資材の調達が間に合うのでしょうか。

具体的な解決方法

　1つの製品を作るのに必要な資材とその数は、BOM（部品表、Bill of Materials）で定められています。構成部品の一覧や構成図、生産に関する重要な情報などが記載されており、BOMを見れば、その製品を作るのに必要な資材とその量が分かります。例えば、製品aのBOMが**図3.11**の通りだったとします。

　BOMには製品1個を生産するのに必要な資材の構成が記載されているので、製品500個を生産するのだとすると、**図3.12**のように各資材の必要数を算出す

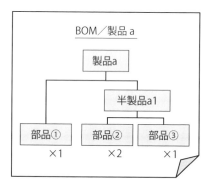

図3.11　製品aのBOM

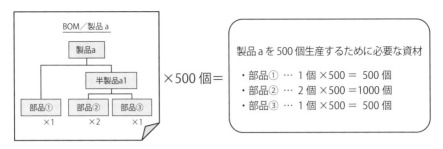

図3.12　BOM展開の計算例（製品aを500個生産する場合）

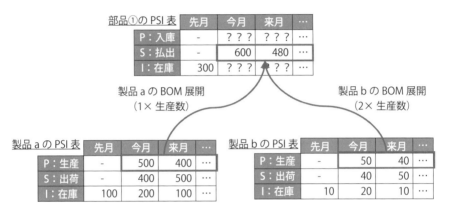

図3.13　BOM展開による部品①の払出数の計算イメージ

ることができます。このような計算を「BOM展開」と呼びます。

「2-5項　今月の期間限定おすすめメニュー」で紹介した「レシピ展開」とよく似ているかと思います。言うなればBOMは、料理におけるレシピのようなものなのです。

製品aの各月の生産計画をBOM展開すれば、製品aの生産で必要となる各資材の数量が分かります。各資材は他の製品でも使用されているかもしれないので、他の全ての製品についても同様にBOM展開する必要があります。その結果を資材ごとに集計すれば、各資材が全部でいくつ、生産で払出されるのかを算出することができます。

つまり図3.13のように、BOM展開を通して、製品のPSIのP（生産数）を、資材のPSIのS（払出数）に変換できる、というわけです。

資材の払出数が決まれば、あとは在庫実績をもとに、どのタイミングでいくつ資材を入庫すれば良いかを決定するだけとなります。製品の需要予測をもとに生産計画を立案する時と同じ考え方で、資材の調達計画を立案することができます。

　ただし、ここで1点注意すべきことがあります。「調達リードタイム」についてです。今月、部品①を600個払出すことが分かったからと言って、そのための資材をすぐに調達できるとは限りません。

　月次サイクルで調達計画を立案する場合、調達リードタイムを考慮した生産計画立案が必要になります。実際に生産計画を立案したいのは直近1ヶ月だったとしても、部品①の調達リードタイムが2ヶ月だとすると、2ヶ月前の時点で、そのための資材の発注をかけておく必要があります。

　つまり今、必要な生産計画については、2ヶ月前から情報として知っておく必要があるので、指図対象の期間より2ヶ月長い、3ヶ月間の生産計画を立案しておかなければならない、ということになります（図3.14）。

　このように、きちんと調達リードタイムを考慮して計画を立てたとしても、実際には仕入先の生産トラブルや輸送トラブルなどといった様々な要因で、計画通

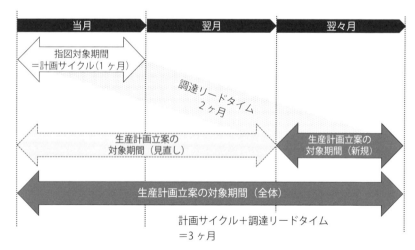

図3.14　調達リードタイムを考慮した生産計画立案期間
　　　　（調達リードタイム2ヶ月の場合）

りにいかず、資材の調達が間に合わなくなることもあるでしょう。その場合は、緊急対応として、限りある資材在庫でやりくりせざるを得ません。例えば以下のような方針で、生産数や生産タイミングを見直す方法があります。
◆優先度や緊急度の高い製品から作る
◆在庫レベルを下げ、生産数を全体的に減らす

　昨今は「不確実性の時代（VUCA）」と言われます。あらかじめBOMと調達リードタイムを考慮し、きちんと調達計画を立案することは重要ですが、思いがけないトラブルにより資材調達が間に合わなくなることも十分起こり得ます。その場合の緊急対応についても、ぜひ知っておいてください。

 さらなるステップアップを目指す手法

　ここでは、調達が間に合わなくならないようにするには、どのように調達計画を立案すれば良いかについて、「BOM展開」と「調達リードタイム」をキーワードに紹介しました。また、何らかのトラブルにより調達遅れが発生した場合に、一時的に生産数を減らす緊急対応についても述べました。
　ただ、その調達遅れがトラブルによる一時的なものであり、すぐに解消する見込みが立っていれば問題ありませんが、長期間にわたる慢性的な問題と化してしまう場合もあります。その場合は、調達遅れ自体を起こりにくくする工夫も必要となります。
　例えば、調達遅れ発生のリスクを下げるために、以下のような施策を打つと良いでしょう。
◆BOMを見直し、なるべく汎用部品を使用するようにする
◆資材を複数社から調達する

　特定の製品でしか使用できないような専用部品があると、その専用部品の調達が滞った場合に、特定の製品の生産がストップしてしまいます。専用部品ではなく、なるべく汎用部品を使用するようにしておくことで、製品間で資材を融通し合える状態にするのが望ましいでしょう。汎用部品を使用するようにしておけば、調達時の融通性が高まるというメリットもあります。
　また、資材を1社の仕入先から調達していると、その仕入先でトラブルがあっ

た際に、資材の調達が滞ってしまうかもしれません。リスク分散のために、資材の複数社からの仕入れを検討してみるのも有効な手です。「4-3項　複数社からの仕入れは大変！」でメリット・デメリットを詳しく説明しているので、参考にしてみてください。

- 製品の生産計画をBOM展開すれば、各資材の払出予定数が分かり、いつ、いくつ調達すれば良いのか計算可能
- 生産計画は、資材の調達リードタイム分だけ、長く立案する必要がある
- BOMの見直しや、資材を複数社から調達することにより、あらかじめ資材調達遅れのリスクを下げておくことも有効

第 3 章　生産計画における課題と解決策

3-5 どれだけできるか作ってみないと分からない？

歩留を考慮した原材料調達

　化学メーカーM社では原油などの原料から、化学製品や素材を生産しています。需給担当者の福留さんは、製品ごとの需要予測をもとに、毎月の生産依頼数を決定しています。原料が届くまで約3ヶ月かかるため、各製品の3ヶ月先の需要予測から必要な原料の量を求めて注文しています。余った原料は在庫として保管して、次月以降の生産に使用することもできます。

　製品を作るための必要な原料に対して、実際に作られた製品の割合を歩留（率）と言います。理論上は100％になるはずですが、実際は様々な要因により100％を下回ります。福留さんは先月の歩留率の実績を調べてみたところ、約80％であることが分かりました。つまり、本来必要な製品数を作るためには、原料は1÷0.8＝1.25倍必要となります。

　「歩留を考慮して原料を多めに頼んでいるから、これで不足にはならない、大丈夫だろう」と考えていました。

　3ヶ月後、原料が届き生産が始まりました。ところがしばらくして工場から連絡がありました。

　「原因はよく分からないが、品質の悪い製品がいつもより多く出てきて一部は廃棄になっている。このままだと原料が足りなくなって、依頼数全ては作れなさそう」

　福留さんは急いで、残りの原料、製品の在庫、需要の状況を確認しました。同じ原料から複数の製品を作っているので、苦渋の決断で生産を減らす製品を選定し、工場に伝えました。結果、一部の製品は予定数を作り切れませんでした。

　この月の投入原料に対する完成品の割合は、約70％でした。これでは足りません。1÷0.7＝約1.43になるので、原料を一律4割増しにして注文するようにしました。すると、次月以降は特に問題なく生産できるようになりました。

　半年後、工場からまた連絡がありました。

　「原料が全体的に余ってきていて、保管場所を圧迫している。使用期限が切れそうなものもある。あと、毎月足りるかギリギリの原料もある。なんとかして欲

107

しい」

　福留さんは改めて原料と完成品の割合を調べてみると、品質悪化のあった月以外は常に80％以上で、工場は生産計画通りに製品を作ることができていました。多めに頼んで余った原料が在庫として積み上がっていたことが分かりました。一方、それでも稀に不足する原料があり、調べてみると、ある特定の製品の品質が不安定で、その製品には常に多めに原料を使用していることが分かりました。

　さて、製品を安定供給するために、福留さんはどうすれば良いでしょうか。

　化学メーカーに限らず製造業では、生産ラインの複数の工程を経て製品を製造していますが、同じ量の原料を投入してもできあがる完成品の量がばらつく、ということがしばしば起こります。例えば液状の製品では、設備や容器に付着し残る分があるためです。

　一方で、完成品の量は同じでも、本来必要な原料より多く使う（＝歩留が悪くなる）ことがあります。例えば以下のようなことが起こるためです。

◆投入原料に不良が混じっており、かつ事前に除去できず一部不良品になる
◆製造工程で欠陥が発生して製造に失敗し、廃棄になる
◆作業者の手作業や機械操作を伴う工程で、作業者の知識不足や技術不足、ヒューマンエラーなどにより不良品が発生する

　生産の際にはできる限り、歩留を悪化させないようにする活動が行われています。歩留の良し悪しは企業の利益に直結するため、歩留をいかに改善させるか、様々な取り組みが各企業で行われています。

　需給担当者が直接歩留の改善に携わることはなかなかありませんが、先ほどのケースのように、ばらつきがあるということを考慮せず計画を立てると、計画通りの量を生産できない、または原料が余る、というような事態に繋がりやすいです。

　原料の調達には時間がかかることが多いので、一度不足するとすぐには在庫が回復せず、結果、製品の品薄や欠品を招くことになります。

 具体的な解決方法

　まずは**歩留がどのくらいの割合なのか、実績を把握する**ことが大事です。福留

さんは最初に全体の歩留を前月1ヶ月分の実績だけで「80％」と判断しましたが、毎月定期的にウォッチした方が良いでしょう。**安定しているのか、ばらつきがあるのか、ばらつきがある場合はどのくらいの幅があるのかといったことを把握しましょう。**

また、全体ではなく、製品（製品群）によって歩留の差があるかも確認します。同じ製品に複数の原料を用いる場合は、原料ごとに歩留を求めるべきでしょう。使用する原料の特性や工程の特性で、違いが出ることも多いです。

歩留を改善する活動は重要です。トラブルによるロスであれば、どのような理由でトラブルが発生するかを突き止めます。原料の品質を揃える、作業環境（温度や湿度）を統一する、作業を標準化し不具合ミスを撲滅する、といった対策が取られます。

原料の余りは在庫として保管します。しかし、原料は製品と異なりシステムで在庫管理されていないことが多く、実際にどのくらいの量があるのか、使ったのかを把握しにくいです。アナログでも工場と連携し、定期的に情報を収集する必要があります。そして、製品の需給と同様に、**今ある在庫数および、歩留が悪化した場合に備えた安全在庫を含めて、原料の調達をしましょう。**なお、原料が生鮮品で在庫できない場合は、製品化して在庫として持つしかありません。

最後に、どうしても取り除くことのできない不確定要素により、歩留が悪くなるのは仕方ありません。しかし、**歩留を安定させることは大事**です。歩留が平均より悪くなったときの幅が小さければ、安全分として上乗せする量を小さくできるためです。一般的に、生産の条件をできるだけ同じに揃えることができれば、歩留は安定します。同じタイミングでまとめて生産すると条件は揃いやすいですが、一方で、歩留のために必要以上にまとめて生産すると、その分在庫が増えるという点には注意が必要です。

 さらなるステップアップを目指す手法

歩留の予測に、統計的手法や確率を用いるという手段も考えられます。歩留の分布を推定し標準偏差を求め、安全分として標準偏差の2倍、3倍の数を余分に持つといったこともできます。またはもっと簡単に、これまでの歩留の中で最も悪いケースや、悪いケースから2番目くらいを想定して、原料を準備しておくと

いった方法も有効です。

　複数製品で共通する原料であれば、個々の製品で使用する量のばらつきの合算よりも少なくてかまいません。例えば2種類の製品で共通して使用される原料があり、それぞれ100 kgの製品を作るのに原料は110〜130 kgくらい使用するとします。この時、原料は130×2=260 kg確保すれば良いのでしょうか。それぞれ独立した工程で作られる製品であれば、両方で最大の130 kgずつ使用することは稀で、もっと少なくてもかまいません。

　原因別や工程別に不具合発生率を観測して、より詳しい値を出すことも有効です。とはいえ、条件を細かくするほど、サンプルが少なくなるので、本当にその確率の通りになるとは限らないのが難しい点です。

- 歩留がどのくらいかを継続的に実測、推定し、製品ごとの歩留に差がないかも確認
- 原材料の在庫、歩留のばらつきから、安全を見た必要数を算出
- 歩留自体を改善する活動が重要だが、ばらつきを小さく、安定させることも大事

これが需給の現場の実態！？

リアルすぎる需給辞典

あんぜんざいこ【安全在庫】

　欠品を防ぐために必要なものであるのに、その適正な大きさの決め方は誰も知らないもの。その名に反して、設定すれば安全というわけではなく、かえって危険になることもある。

　例：**安全在庫**は小さすぎても大きすぎても危険です。

　在庫管理の教科書を見ると、安全在庫の決定方法は次のように記載されています。

$$安全在庫＝安全係数×需要量の標準偏差×\sqrt{（発注リードタイム＋発注間隔）}$$

　需要量の標準偏差は計算できますし、発注リードタイム、発注間隔も一応決まっています（発注リードタイムが一定にならないケースは考えないことにします）。あとは安全係数さえ決められれば、晴れて安全在庫が求まります。

　安全係数は許容欠品率によって決まる係数で、例えば、許容欠品率が1％なら安全係数は2.33、5％なら1.65となります。

　ここで問題が2つあります。1つは「適正な許容欠品率はいったいどのくらいなのか」ということです。そりゃ0％でしょ。しかし、理論上欠品率0％となる安全在庫は無限大です。読者の皆さんは、許容欠品率が何％なのかを社長に確認してみてください。

　もう1つは「安全係数と許容欠品率の関係は、需要量が正規分布にもとづくことが前提である」ということです。実際に販売実績のヒストグラムを作ってみると分かるのですが、とても正規分布とは思えないような分布の商品が案外多く存在しています。

　結局、まずは現状の在庫レベルからスタートして、欠品が多い商品は安全在庫を増やす、在庫実績の推移を見て余裕がありそうな商品は安全在庫を少し減らしてみる、といった試行錯誤が最も現実的だと思います。

安全在庫は安全運転の適切なスピードと似ています。いくら安全第一でも、時速10kmで走っていては自動車に乗る意味がありません。適正な速度は道の幅や形状、交通量、ドライバーの運転技術、天候などによっても変わってくるでしょう。でも慣れたドライバーならなんとなく、このくらいが安全なスピードというのが分かっています。安全在庫を適正に設定できる人は、需給の名ドライバーです。

けっぴん【欠品】

　1度もないに越したことはないが、実際には確実に起こるもの。結婚相手の欠点の数と同じで、ゼロを求めると大きな代償を負うことになる。
　例：お客様満足度向上のため**欠品**ゼロを目標とします。

　顧客の注文に確実に応えるためには「欠品」が発生しないようにする必要がありますが、100％欠品を防ぐために必要な在庫数は理論上無限大です（前ページ「安全在庫」参照）。
　実際には無限大ということはありませんが、かなり多くの（非現実的な数の）在庫を保持しておく必要があります。欠品が発生した場合の損失コストと、それを防ぐための在庫を保持するためのコストのバランスを考慮して、欠品を一定程度許容しなくてはなりません。

　結婚相手に完璧を求めると永遠に結婚できないリスクが高まります。妻にプロポーズした時、理由を問われ、「あなた以上にすばらしい女性は世界中に大勢いると思うが、その人たちと今後巡り合い結婚できる確率はそう高くないと考えたから」と答えたら、「妥協したのね」と言われました。そうとも言います。

たいむふぇんす【タイムフェンス】

　システムベンダーに迫られて仕方なく決める、計画を変更してはいけない期間。期間はユーザーが自ら設定しているにも関わらず、守られた試しがない。
　例：**タイムフェンス**内の計画を変更するにはどうしたらいいですか？

　本来タイムフェンスとは、頻繁な計画変更によって現場が混乱しないように設

けられる計画確定期間のことです。しかし、実際には急な注文や製造設備のトラブルなどに対応するために、タイムフェンス内の計画を変更することがままあります。

　変更することを前提に運用されている場合などは、何のためのタイムフェンスなのかと思ってしまいます。「だったら、いっそのことなくしてしまったら」と言いたくもなりますが、システムによる自動計画立案でタイムフェンスゼロ（今日以降の計画は全て作り直し）にしてしまうと現場は大混乱になってしまいます。

　全て人が計画している場合は、「直近はやむを得ない場合以外は極力変更しない」といったあいまいな対応が可能ですが、現状の一般的な計画エンジンはそこまで融通は利きません。計画業務の標準化・ルール化・システム化を成功させるには、融通、匙加減、微調整、例外的対応などが一定程度失われることへの覚悟が必要です。

　健康のために曜日を決めて休肝日としているのですが、お酒に合う料理が用意されていたりすると、微アル（微アルコール飲料）だったらいいんじゃないか、今日は呑んで替わりに明日を休肝日にすればいいんじゃないかと、ついついルールを破ってしまいます。「だったら、いっそのこと休肝日なんて止めてしまったら？」と言われています。

第 **4** 章

発注計画における
課題と解決策

4-1 少量発注お断り

最低発注数を満たすように前倒し

　食品卸O社の油川さんは、毎日、メーカーに商品の発注を行っています。発注先のメーカーは複数あり、1つのメーカーに複数の商品を発注しています。今日も担当商品について、需要予測結果をもとに、在庫状況を加味して、発注数を決めようとしています。

　「今は全体的に在庫が十分あって、需要予測もあまり大きくないから、発注は少なめで良いかな」

　担当している全ての商品の発注数を決めた後、油川さんはあることに気付きました。

　「メーカーN社に発注する商品の発注ケース数が少ないな。これだと、N社との契約を守れていないから、発注数を増やさないと」

　効率良く、1回である程度まとまった量の荷物を運べるよう、メーカーN社への1回の発注におけるケース数に下限の制約があったのですが、それを満たせていなかったようです。油川さんは各商品の発注数を増やして、発注ケース数が制約を満たせるように調整することになりました。油川さんが担当している商品数はとても多く、発注数の調整にかなり苦戦することになりました。

　仕入先に商品を発注する場合、在庫や需要の状況によっては少量発注となることがあります。発注した納品先にのみ少量の荷物を運ぶとなると、トラックがスカスカになってしまい、物流コストが増加してしまいます。物流の効率化のため、1度の発注で発注する商品を合計して○○ケース以上、または○○円以上発注するといった最低発注数の制約がある契約を取り交わすことがあります。

　そのような契約があると、最低発注数の制約に合わせて発注数を決定する必要があります。最低発注数を満たしていない場合、どの商品の発注をどれだけ増やすかを調整することは難しく、発注数を増やすことで、在庫が増えすぎてしまったり、食品の場合は廃棄ロスを引き起こしてしまったりする可能性があります。

　最低発注数の制約を満たせていない場合、どのような対応をすれば、過剰在庫

を防ぎつつ、発注数を調整することができるのでしょうか。

 具体的な解決方法

　仕入先との契約に、最低発注数の制約があり、発注数合計が制約を満たせていない場合、**最低発注数の制約を満たすように発注数を前倒しする**対応が考えられます。発注数合計が最低発注数を上回るように、不足している分を先々の発注予定数から前倒しすることで制約を満たせるようにします（**図4.1**）。

　複数の商品を前倒しする場合は、どの商品をどれだけ前倒しするかを決める必要があります。調整する商品、量を決める方法の1つに、安全在庫充足率が均等になるように、全商品を調整する方法があります。安全在庫充足率とは、安全在庫に対してどれくらいの割合の在庫があるかを示す値です（式1）。

$$安全在庫充足率 = 次回発注分が入庫する日の前日の在庫数 \div 安全在庫 \times 100 \quad (式1)$$

　各商品の安全在庫充足率が均等になるように、全商品を対象に調整することで、各商品の在庫レベルを均等に保つことができます（**図4.2**）。ただし、商品ごとに最大ロットなどの制約がある場合は、その制約も満たすように調整する必要があります。

　この考え方は、例えば、輸入品のようにコンテナ船で輸送する商品の発注にも適用することが可能です。各コンテナ船の積載数を下限として、1コンテナずつ下限を満たすように発注数を前倒しして調整することで、コンテナ単位にまとめ

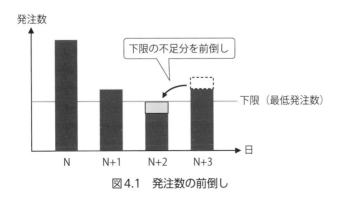

図4.1　発注数の前倒し

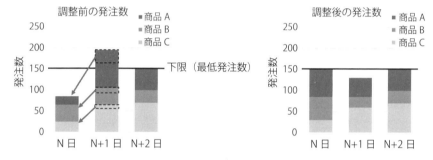

図4.2　安全在庫充足率が均等になるように調整

て発注することができます。

　最低発注数を満たすために前倒しする際に、食品のように出荷期限がある商品を仕入れる場合は、早く発注しすぎると出荷期限切れを起こす恐れがあるため注意が必要です。例えば、出荷期限が短い商品は前倒ししないといったように、前倒し可否や前倒し期間を予め決めておくことが重要です。

　一方で、前倒しのやり過ぎについても要注意です。最低発注数の制約を満たせないことが稀である場合は、発注数を前倒しすることで対応できます。しかし、制約を満たせないことが頻繁に発生する場合は、どんどん前倒しすることになり、在庫が増えていってしまいます。そのような場合は、最低発注数を下げてもらうよう仕入先との契約を見直したり、多品種の商品をまとめて発注できるように仕入先を変更したりするといったような対応を検討する必要があります。

- 最低発注数の制約を満たさない場合、発注数を前倒しすることが有効
- 安全在庫充足率が均等になるように、全商品を対象に調整することで、各商品の在庫レベルを均等に保つことができる

4-2 いつ、どれだけ発注すれば良いの？

コストが最小となる発注タイミングと数量

　ドラッグストアのチェーン店を展開するP社に入社した百田さん。研修を終えたのち、数店舗のチェーン店を担当するSV（スーパーバイザー）に着任しました。SVは各店舗の店長やスタッフを指導して売り上げ目標の達成を支援する役職なので、店長経験者が昇格するのが一般的ですが、このやり方だとSVが店長をしていた店舗のやり方に染まってしまうため、この会社では新規でSV候補生を採用して公平な支援ができるように教育しているようです。

　百田さんは早速自分の担当する店舗の業績を調べるために、直近の損益計算書を確認しました。百田さんの担当する店舗は、だいたい同じ規模の店舗のため、損益計算書の各項目にそれほど大きなバラつきがないようですが、1ヶ所だけ違和感を覚えました。X006店とX007店だけ「販売費および一般管理費」[1]が他店と比べて多かったのです。

　「なぜこんなに飛びぬけて多いんだろう。直接店舗に行って店長に聞いてみるか…」
という訳で、百田さんは早速X006店とX007店へ向かいました。

　まずX006店へ到着した百田さん。早速六谷店長に、先ほどまとめた店舗ごとの販売費および一般管理費のリストを見せました。すると、びっくりした六谷店長。
　「こんなに他店と違うんですか。もしかしたら社員の残業が原因なのかな」
　「残業が多いんですか？」
　「X006店は**欠品させないことを一番大事**にしているので、こまめに**発注**しています。そうすると自然と発注する回数も多くなるし、発注する商品もたくさんのモノをちょっとずつ発注することになりますよね。そのせいで検品作業も大変で、規定の業務時間内に終わらないので残業することになります。結果的に残業は増えていますが、欠品を防止するために仕方ないと思っています」
　話を聞いた百田さんは、もしかしてX007店も同じ理由なのかと気になりながらX007店へ向かいます。
　X007店に着いた百田さんは、早速七尾店長に六谷店長から聞いた話をして、

販売費と一般管理費が多い理由が残業にあるのか聞きました。

「X007店は残業なんてほとんどやっていませんよ。ウチの店舗は従業員のワークライフバランスを大事にしているので」

百田さんは考えていた結果と違い、驚きを隠せないようです。

「残業はしていないのに、なぜ販売費と一般管理費が多いんですか？」

七尾店長は少し考えたあと、こう答えました。

「六谷店長と違ってこまめに発注はしていないですけど、**欠品を防止するために一度にまとめて多めに発注**してますね。発注作業も検品作業も少なくなるので、十分規定の業務時間内に終わります。ただ、その分在庫が増えるので、追加で倉庫を借りてますね。それが原因かな」

2人の話を聞いた百田さん。六谷店長も七尾店長も間違ったことを言っているようには思えません。聞いた話を表にまとめてみました（**表4.1**）。

つまり販売費および一般管理費が多かった理由は、それぞれ違っていました。この2つのコストをバランス良く下げれば良いのですが、そのような方法について考えてみましょう。

 具体的な解決方法

販売費および一般管理費が増えた原因を特定できましたが、どう解決すれば良いか一緒に考えてみましょう。

百田さんがまとめた、発注コストと在庫維持コストが最も小さくなる発注量のことを、一般的に**経済的発注量**（EOQ：Economic Order Quantity）と呼びます。分かりやすく説明するために、この2つのコストを別々に考えてみましょう。

まずは、発注コストについてです。発注コストは発注に伴う通信費や人件費、また納品された時の検品作業などの費用となります。発注量が少ないと発注回数

表4.1　百田さんがまとめたコスト増の理由

店舗（店長）	発注コスト	在庫維持コスト
X006店（六谷店長）	多い（残業あり）	少ない（追加倉庫なし）
X007店（七尾店長）	少ない（残業なし）	多い（追加倉庫あり）

が増えるので、トータルの発注コストは高くなります。この発注コストは、発注量に反比例すると言われています。

一方、在庫維持コストは在庫にかかる費用で、具体的には七尾店長の倉庫賃貸料や、他にも保険料や資産税などがあります。これらの在庫維持コストは発注量に比例します。

この2つのコストをグラフに描くと、以下のようなグラフになります（**図4.3**）。

経済的発注量は、この2つが最も小さくなる発注量なので、2つのコストを足し合わせたグラフを描くと、その最も小さい点が、経済的発注量です（**図4.4**）。

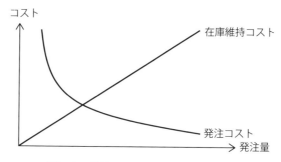

図4.3　発注コストと在庫維持コスト

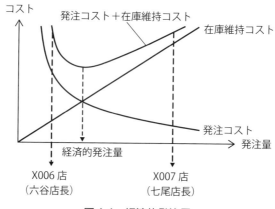

図4.4　経済的発注量

第4章 発注計画における課題と解決策

 さらなるステップアップを目指す手法

経済的発注量は、以下の式1で求めることができます。

$$経済的発注量 = \sqrt{\frac{2 \times 1回当たりの発注コスト \times 年間需要量}{年間在庫維持コスト}} \quad (式1)$$

発注コストは、1回当たりの発注量を増やし、発注回数を抑えることで削減することができます。六谷店長はちょっとずつ発注していたのでこのコストが高くなっていました。

一方、在庫維持コストは、在庫量を少なくすると削減することができます。七尾店長はまとめて発注した分、在庫が多くなったため、このコストが高くなったということです。

この2つの合計が最も少なくなる1回当たりの発注量が経済的発注量です。これだけ見ると、とても便利に見えますが、どの企業も実務で利用できているかというと、そうでもないようです。理由としては以下が挙げられます。

- 正確な発注コストや在庫維持コストを算出するのが難しい
- 求めた経済的発注量より最小発注ロットの方が大きい
- ボリュームディスカウントが考慮できない（大量注文時に利用できる価格優遇を無視）
- 在庫維持コストが単品の在庫量だけでは決まらない
- 在庫維持コストは金額のみで、商品の陳腐化リスクが考慮されない

従って、盲目的に経済的発注量で発注するのではなく、事前にその企業や業界の実務に適しているかを検討することが重要です。

(1) 販売費および一般管理費：販売費と一般管理費の2つからなる勘定科目。販売費とは、商品の販売やサービスの提供などに対して生じる経費で、宣伝広告費、発送費や配達費、保管費などが含まれる。一方、一般管理費とは、会社の従業員に対して支払われる人件費や水道光熱費などで、販売とは直接には関係のない業務に必要な経費が含まれる。

123

- 少量発注は、発注回数が増えた分だけ発注コストがかかる
- 発注回数を減らすためまとめ発注を行うと、一度に在庫が増えて在庫維持コストがかかる
- コストのバランスを見極め、適切な発注量を決めることが望ましい

4-3 複数社からの仕入れは大変！

自社の特性に合わせた選定方法

　生活雑貨卸業Q社のバイヤー生野さんは、これまで自分が扱っている製品を1社から仕入れていました。しかし、最近の世の中の経済状況の急変による価格の高騰、さらには災害やパンデミックなどによるサプライチェーンの寸断により、製品の供給が滞り自社の業績にも影響を及ぼすようになりました。

　Q社はリスクマネジメントの1つであるBCP（Business Continuity Planning：事業継続計画）対策にも力を入れており、生野さんは会社方針を考慮して、同じ要求仕様を満たす別のサプライヤーを探し、1社仕入れから複数社仕入れへの変更を検討し始めました。

　確かに複数社からの仕入れに変更すれば、サプライチェーンの寸断による製品供給が滞るリスクは回避ができるでしょう。また、仕入価格もサプライヤー間で競争原理が働き価格の高騰を抑制できる可能性もあります。しかし、複数社からの仕入れに変更をした場合、良いことばかりではなくこれまで以上に仕入れにかかる発注作業が複雑になり、手間もかかることは目に見えています。

　そこで生野さんは、複数社仕入れに変更した場合のメリット、デメリットを整理しました。

複数社仕入れのメリット
● 優位な交渉

　1社仕入れでも定期的にサプライヤーを選定しなおすことで優位な交渉は可能かもしれません。しかし、複数社からの仕入れにすることで、価格や品質面でサプライヤーを比較でき発注元は優位な交渉を行いやすくなります。QCD（品質・コスト・納期）を確保したい場合には、発注元が交渉のカードを握ることができます。また、複数のサプライヤーで競争させることで、仕入原価を下げることも可能です。ただし、常に同じサプライヤーに依頼していると、競争の効果が薄れてしまうため、発注側の理想とする原価削減はできないかもしれません。新規サプライヤーの参加を促すことで、競争を活性化していくことも重要です。

125

- 供給不足の低減

　災害やサプライヤーの業績不振、不祥事などにより、仕入品の供給がストップしてサプライチェーンが寸断される可能性があります。複数社仕入れにすることで、こういったリスクを軽減することができます。ただし、サプライヤー側の材料調達が滞ると、サプライヤーからＱ社への製品供給が十分に行われない可能性があります。サプライヤーを選定する際は、材料の調達状況も考慮する必要があります。

複数社仕入れのデメリット
- 業務コスト増加

　複数社仕入れにすることで、サプライヤーの数が増えるため、交渉や協力体制の構築、管理などの業務コストが増加します。特に最近ではコンプライアンスの重要性が高まっており、サプライヤー側の不祥事が発生した場合、迅速な対応が発注側にも求められるため、より厳格な管理が必要となるでしょう。

- サプライヤーとの信頼関係低下

　1社仕入れから複数社仕入れに切り替えると、既存のサプライヤーからの信頼関係が低下する可能性があります。結果として、これまでの品質や価格が保証されなくなる可能性があります。既存のサプライヤーに対しては、納得してもらえる説明が必要になるでしょう。例えば、段階的に複数社仕入れを行ったり、新規商談を持ちかけるなどの調整が必要となるかもしれません。

　生野さんはメリット、デメリットどちらもあるため非常に悩みましたが、会社がBCP対策を重視していることから、複数社から仕入れることに決めました。しかし、今度は複数のサプライヤーをどのように選定するか、頭を悩ませることに…。どのようにサプライヤーを選定すると良いのでしょうか。

 具体的な解決方法

　まず、1社仕入れか、複数社仕入れか、選択する必要がありますが、正解はありません。**重要なのは、自社の特性に合わせた選択をすることです。**生野さんも**会社が何を重要視しているかを考え、複数社仕入れを選択**しました。

　複数社仕入れの場合、複数のサプライヤー選定が必要になります。サプライヤー選定の流れを整理してみましょう（図4.5）。流れとしては、要件確認、見

図4.5　サプライヤー選定の流れ

積分析や交渉を経て最終的にサプライヤーを選定することになります。サプライヤー選定は過去の取引データなどを参考にして判断しているケースは多いです。価格だけでなく、割引制度や仕入れ形態、納期の遵守、アフターサービス内容、運賃負担、支払い条件、要求仕様変更への柔軟な対応など、確認すべき項目は多岐にわたります。これらを評価項目として点数化しておくと良いでしょう。

複数のサプライヤーを選定した後、「どのサプライヤーにどれくらいの発注を行えば良いのか」を考える必要があります。発注する際には、契約条件や自社の発注条件も満たす必要があります。具体的には以下のような条件があります。

◆自社の発注予算をできるだけ超えないようにする必要がある
◆サプライヤーの供給可能量を超えた発注はできない
◆MOQ（Minimum Order Quantity：最低発注数）の遵守
◆SPQ（Standard Packing Quantity：発注できる最小単位）の遵守

実際の発注では、例えば上記以外の条件として、複数製品を同一サプライヤーに発注する場合、製品個別の最低発注数（MOQ）の条件はありませんが、発注製品トータルでの最低発注数量や金額を満たす必要があるなど、様々な条件が存在します。

さらなるステップアップを目指す手法

「どのサプライヤーにどれくらいの発注を行えば良いのか」を考える際、前述した条件以外にも、「何を重視するか」も重要です。発注コストを重視する場合、納期遵守率を重視する場合など、その時の状況によって重視する項目は変わってくるでしょう。様々なパターンが考えられるため、全てを洗い出すことはなかなか難しいでしょう。

「何を重視するか（目的）」や「どのような条件があるか（制約）」が整理できていれば、数学的手法によって「どのサプライヤーにどれくらいの発注を行えば良いのか」を求めることができます。図4.6にその一例をご紹介します。

この手法は数理計画法と呼ばれています。数理計画法は、数学的手法にもとづいて与えられた制約条件のもとで、目的関数を最大化（あるいは最小化）する手法を指します。詳細は専門書等に任せますが、**数理計画法を用いることで「目的に最も適う」各サプライヤーへの発注数量を機械的に算出することができます。**

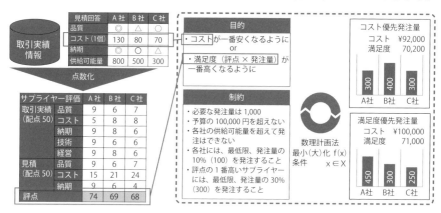

図4.6 数理計画法を用いた各サプライヤーへの発注数量算出

- 1社仕入れにするのか複数社仕入れにするのかは、自社の特性に合わせた選択が必要
- 複数社仕入れを行う際には、自社として何を重視するのかが重要
- サプライヤーへの発注調整は、ある程度機械的に行うことが可能

4-4 この前の発注分、いつ届く？

発注残を正しく管理

　卸売業R社では、数千にもおよぶ商品を取り扱っています。各地域の倉庫に在庫を保持しており、全国の小売店からの注文に対してすぐに納品できるようにしています。日々の在庫を確認し、在庫が少なくなってきたタイミングで、適宜仕入先に発注をしています。

　商品発注部の上野さんは、最近異動してきた後輩の下井さんに一部の商品の発注を任せました。商品発注部では商品ごとに「在庫がいくつを切ったら発注するか」の基準を決めており、担当者は日々の在庫を確認し、基準を切ったものを順次発注していました。

　2週間後、関東営業部から下井さんの担当商品で在庫切れが起きたと連絡がありました。下井さんは営業に謝りつつも、この前発注した分が入ってきていれば、十分足りているはずなのに？　と疑問に思い、関東倉庫に電話しました。

　「その商品ですが、今月はまだ入庫していなくて、在庫がなくなっていますね」

　上野さんから仕入先への確認を促され、仕入先に電話をしました。

　「申し訳ありません。世界的な原材料不足で生産が来月になってしまいそうで、納品もおそらく、1ヶ月くらい遅れます」

と言われてしまいました。他地域の倉庫の在庫を確認したところ、中部倉庫には十分な在庫があったため、急遽転送することで何とか事なきを得ました。

　翌日、今度は別の商品で、普段よりも在庫が多いとの連絡を受けました。下井さんは自分の発注履歴を確認したところ、先月、今月と2度発注していました。どちらも発注時点では在庫が少なかったので発注しましたが、実は今月は先月分の入庫が遅れていただけだったので、発注する必要はなかったのです。その分、在庫が多くなってしまいました。

　「今の在庫だけでなく、これまでの発注分がきちんと入庫しているかどうかも確認しないと」

と上野さんに指摘されましたが、下井さんは担当する商品が多く、日々の発注で精一杯であり、入庫予定に関する情報を個別に逐一確認することが困難です。

R社のように、仕入先の都合に限らず様々な理由により、発注時の希望通りに商品が入庫されないケースは多くあります。納入日が遅れることもありますし、仕入先が十分な数を確保できず入荷数が減ってしまう、最悪の場合は商品が用意できずキャンセルされてしまうということもあります。

　発注してまだ届いていない商品を「発注残」と呼びます。仕入先から発注残が予定通りに届くかどうかの情報を収集しますが、メールや電話などを通じて随時、五月雨式に連絡されることが一般的です。仕入先と納期情報を共通のシステムで共有できれば理想的ですが、企業をまたぐ情報システムとなるとハードルが高く、導入は進んでいません。

　一方で、商品が予定より早めに入庫する場合もあります。その場合、仕入先からは連絡してこないことが多いです。商品が入庫したことで在庫が増えますが、当初の入庫予定情報が残ったままであると、在庫が増えている上にさらに近々入庫する、と誤った推定に繋がる可能性があります。在庫が十分にあると判断して発注を行わず、結果的に在庫が足りなくなるという事態が発生します（**図4.7**）。自社の倉庫に商品が入庫した場合は、どの入庫予定に対応する分が入庫したのかを判断し、その予定を消し込む必要があります。

　発注時点で現在の在庫および、発注残がどれだけあるかを正しく把握しないと、下井さんのように発注漏れや重複発注が発生してしまいます。 これらを防ぐには何をするべきでしょうか。

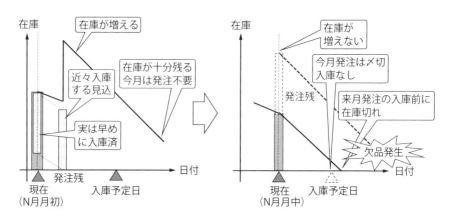

図4.7　発注漏れに繋がる例

具体的な解決方法

①入庫予定管理

　仕入先に対して正確な納期回答を求め、その情報を適切に管理することが必要です。こまめに納期回答をしてもらうように仕入先と約束しましょう。

　納期回答がくれば入庫予定情報を更新します。基幹システムで入庫予定を管理している場合は、その情報を反映し、需給計画システムに連携します。基幹システムで管理していない場合は、発注担当者が何らかの方法で入庫予定を管理し、需給計画で考慮する必要があります。エクセルなどの表計算ソフトでも構わないので、回答情報を漏れがないよう何らかの方法で管理しましょう。なお、発注残の数を間違えると、品薄への気付きの遅れや二重発注に繋がる可能性があるため、注意しましょう。

　いずれにしても、発注量（製造業の場合は生産計画）を決定するタイミングで、**入庫予定情報を正確に最新化すること**が重要です。納期回答がなく正確な入庫予定日が分からない場合も、どの発注分までが入庫済みかを確認しましょう。

②発注残の消し込み

　日々、実際に入庫した分を発注残から消し込む作業が必要です。どの発注分が入庫したのかを紐付けます。システムで自動消し込みするか、手作業で消し込むかのどちらかになります。仕入先から最後にもらった入庫予定情報が精緻であれば、入庫予定日通りに計画通りの数が入庫するはずです。日々、発注残と入庫実績をマッチングさせて、一致していれば予定通りに入庫したとみなします。不一致になっている箇所があれば、人間が原因をチェックする、という運用がよくとられます。

③入庫遅れのリスクを安全在庫で吸収

　納期遅れが防げない場合、需給計画の段階で影響を加味する必要があります。納期遅れによる欠品を防ぐには、遅れが見込まれる日数の需要の分だけ、在庫を多めに持っておく必要があります。すなわち、安全在庫として、需要のばらつきだけではなく、入庫の遅れを吸収するために在庫を増やします。

　ある企業では、仕入れだけでなく、トラック配送の遅れや倉庫の荷役処理の遅れなどを考慮し、安全在庫に2日分の需要をプラスして補充数を計算するといったことも行っています。

さらなるステップアップを目指す手法

　先述した「具体的な解決方法」を実施するためには、発注残の信頼度の確認が大事です。せっかく発注残を考慮した発注量や先々の在庫予定の計算を行っても、納期遅れ、納期未定、納期未回答が頻発すると、計算通りにいきません。商品ごとの特性や、顧客の特性にあわせてルールを決めるべきです。

　納期回答を入庫予定情報へ反映するには、できれば注文単位で一意となる番号で管理し、番号単位で最新化することが理想です。注文番号がない場合でも、納期回答に対応する期間内の計画の一括置き換えや、期間内の合計数量が一定になるよう消し込むといった方法を用いて、自動で計算できるようにすることで、省力化が期待できます。

　入庫予定が実際に倉庫に入庫した場合も、入庫予定を更新する必要があります。こちらも注文番号があれば注文番号単位で置き換えます。注文番号がない場合は、図4.8のように予定と実績の日付を基準に置き換えます。予定日通りの入庫であればそのまま置き換えますが、遅れる場合、早まった場合でそれぞれ整合

現在日付＝1/21
(a)予定日通りに入庫

予定	数量
1/20入庫	100
1/27入庫	100
2/3入庫	100

実績	数量
1/20入庫	100

予定	数量
1/27入庫	100
2/3入庫	100

← 同日の入庫予定を消し込み

(b)予定日に入庫せず（遅れて入庫）

予定	数量
1/20入庫	100
1/27入庫	100
2/3入庫	100

1/20入庫なし

予定	数量
1/21入庫	100
1/27入庫	100
2/3入庫	100

← 予定日を後ろ倒し

(c)予定日より前に入庫（早めに入庫）

予定	数量
1/20入庫	100
1/27入庫	100
2/3入庫	100

実績	数量
1/19入庫	100

予定	数量
1/27入庫	100
2/3入庫	100

← 当初予定日の入庫予定を消し込み

図4.8　入庫実績に応じた予定の更新（日付基準）

(d)予定数より少なく入庫

予定	数量
1/20入庫	100
1/27入庫	100
2/3入庫	100

実績	数量
1/20入庫	80

予定	数量
1/27入庫	100
2/3入庫	100

予定通り作れなかった⇒同日の入庫予定を消し込み

OR

予定	数量
1/21入庫	20
1/27入庫	100
2/3入庫	100

生産や輸送の都合で分納になった⇒残数の到着予定を更新

(e)予定数より多く入庫

予定	数量
1/20入庫	100
1/27入庫	100
2/3入庫	100

実績	数量
1/20入庫	120

予定	数量
1/27入庫	100
2/3入庫	100

仕入先都合で予定より多く納品⇒同日の入庫予定を消し込み

OR

予定	数量
1/27入庫	80
2/3入庫	100

次回分の一部が先行入庫⇒次回分から減算

図4.9　入庫実績による予定の更新（数量違いの場合）

性を保つよう更新します。

　また、予定と実績の数量が異なった場合は、**図4.9**のように差異の原因に応じて予定を更新します。

　もし、仕入先の納期回答情報がオンラインで連携できれば、個別のメールでの連絡反映などと比べて見落としが少なく、さらに管理しやすくなります。仕入先側が情報提供できるような仕組みを持っていれば、ぜひ受け取る仕組みを構築し自動化したいところです。

- 発注残の管理を怠ると、在庫過剰や欠品に直結する
- 発注残の予定更新、実績での消し込みを日々実施する仕組みづくりが重要
- 消し込みの自動化により省力化が期待できる

4-5 部長！ その発注、ちゃんと確認してくれましたか？

承認プロセス構築で発注ミスを防ぐ

　卸売業R社に長年勤める長田さんは、商品発注部の部長です。現在、部下は10名おり、それぞれが商品の発注業務を担当しています。

　長田さんの部下である発注担当者たちは各自、自分が担当する商品の発注計画を立案します。R社は取扱商品の件数が多く、しかも各担当者で発注書のフォーマットがバラバラなため、長田さんが全ての計画を確認するには時間がかかります。そのため、基本的に発注業務は各担当者に一任されており、数量の多い商品や単価の高い商品などの一部の商品のみ、長田さんが発注時に発注内容を確認する運用となっています。

　そんなある日、部下の下井さんから発注トラブルの報告がありました。欠品しそうだった商品について、「8000ケース」の追加発注をしようとしたところ、仕入先への発注メールの文面を誤って1桁多い「80000ケース」としてしまったと言うのです。下井さんによると、先ほど、仕入先から出荷準備が整ったとの電話連絡を受け、今回の発注ミスが発覚したとのことでした。

　「長田部長、私の不注意で大変なミスを犯してしまい、申し訳ありませんでした。発注メールの宛先には一応、ccで部長も入れておいたのですが」

　長田さんは基本的に、部下の発注メールが届いた時は目を通すようにしていましたが、下井さんの誤発注メールには覚えがありませんでした。どうやら、毎日何十通も届くメールに埋もれてしまい、うっかり見落としていたようです。

　長田さんの部下が発注ミスを起こすのは、実は今回が初めてではありません。発注残の考慮が漏れていて二重発注してしまうだとか、送信したつもりの発注メールで送信エラーが起きていて、発注が滞っていることに翌週ようやく気付いた、なんてこともありました。度々発生するこのような発注ミスの中には、事前に長田さんがチェックしていれば、防げたであろうものも多く含まれています。

　こういった現状を以前から問題視していた長田さん。今回起きた下井さんの誤

発注をきっかけに、承認プロセスの刷新を決意しました。しかしながら、長田さんは多忙な部長職ですから、1人で全ての発注データを事前チェックするのは大変です。かといって、対象商品を絞ると今回のような事故が起きてしまいます。**誤発注のリスクを減らすことができ、なおかつ業務上、無理のない程度の手間で実現できる承認プロセスを構築**する必要があります。どのようにするのが良いのでしょうか。

具体的な解決方法

　R社商品発注部の従来の方針では、一部の商品の発注については担当者に一任しており、上長承認を通すことなく、仕入先に発注がかかる運用となっていました。その結果、今回のような誤発注が起きてしまいました。

　この運用は「内部統制」の観点からも「問題あり」と言えそうです。内部統制とは、企業が健全な事業活動を続けるための社内ルールや仕組みのことを指します。発注業務においてきちんと承認プロセスを踏むことには、内部統制上、以下のような重要な意味があります。

◆誤発注や不正の防止

◆透明性の確保

◆責任の明確化

　1点目は、誤発注や不正の防止です。発注データを担当者と承認者の2名以上で確認する仕組みにすることで、数量の誤りや二重発注、予算超過などといった発注ミスのリスクを低減することができます。また、組織内で不正が起きにくくなることも、承認プロセスを設けることのメリットの1つです。

　2点目は、透明性の確保です。承認依頼、承認、差戻し、再依頼といった承認プロセスの実行を通し、誰が・いつ・どのような判断を行ったのか、記録として残すことができます。これにより、発注ミスなどのトラブル発生時や監査の際に、追跡が可能になります。

　3点目は、責任の明確化です。承認プロセスの各段階での責任者が明確になるため、トラブル発生時に迅速に対応できるようになります。

　ここからは、発注業務の承認プロセスにおいて、どのような仕組みづくりをしていけば良いかについて述べていきます。何よりも、**各段階の記録を残していく**

ことが重要です。

　承認業務をシステム化すれば、記録がきちんと残る上に、承認フローを通さないと仕入先に発注がかからないような仕組みにすることもできます。しかし、システム導入はそれなりの費用が掛かり、企業によってはハードルが高い場合もあるでしょう。承認の履歴をきちんと管理できるのであれば、システム化は必須ではありません。問題発生時に確認できるよう、承認依頼、承認、差戻し、再依頼のやり取りの記録を、データとして残すようにしておきましょう。その際、各段階でコメントを残すようにするのも、トラブル発生時の原因追究に大いに役立ちます。

　次に、承認におけるチェックの仕方についても述べていきます。

　まず、単位についてですが、**数量単位だけではなく、金額単位でも確認する**のがおすすめです。普段の発注数や発注金額に比べて、多すぎたり少なすぎたりしないか、という観点で確認することで、発注ミスに気付きやすくなるでしょう。その際の比較基準として、発注数や発注金額の過去平均をすぐ参照できる状態にしておくと効率的です。

　また、承認業務では、全ての商品を1件ずつ確認することは必須ではありません。例えば、**仕入先ごとに合計金額を確認するようにし、主要商品のみ個別に追加でチェックするような運用**でも十分意味があります。

　フォーマットの統一も重要です。仕入先との調整の上でフォーマットを変更しなければなりませんが、**各担当者から同じフォーマットで承認依頼を受けることで、承認者は効率良く承認業務を進めることができます**。さらに、承認者が発注内容の妥当性を正しく判断するには、発注数だけでなく、在庫状況や入庫予定なども確認する必要があります。承認者も担当者と同じように、PSI表などの需給情報を確認できるようにし、なぜその量の発注が必要だと判断しているのか、見られるようにするのが理想です。

　以上のような方法で、**承認者が効率的に、また満遍なく発注データを確認することができれば、発注ミスを大幅に減らすことができる**でしょう。それでも人手でのチェックには限界があり、ミスを完全になくすことは困難です。

　そこで、事前に決められた判定基準をもとに、数字の誤りが疑われる箇所をアラート検知する工夫をしている企業もあります。具体的には、「過去の発注数の

平均と比較して○○倍以上」「出荷実績の平均と比較して○○倍以上」などといった基準が採用されています。そのような基準を満たす場合に、例えばセルの色が変わるようにしておけば、ミスを見落としにくくなります。このように、**人を介さずに自動的に判定する工夫があれば、誤発注のリスクを低減することができ**ます。

- 内部統制の観点からも、発注業務には承認プロセスが不可欠
- 承認のやり取りの履歴をコメントとともに記録しておくことで、トラブル発生時に責任の所在や原因の調査に役立つ
- 承認の単位やフォーマットを工夫することで、誤発注のリスクを効率的に低減できる

4-6 グローバルな サプライチェーン

長いリードタイムへの対応

　製造業S社では、海外工場で製造した製品を日本へ輸入しています。前職で国内製造業の需給部門にいた海野さんは、グローバルなサプライチェーン・マネジメント（SCM）を知りたくS社に転職し、SCM部門に配属されました。

　S社は国内に東日本と西日本のマザー倉庫を持ち、それぞれ海外工場から月に1回、製品を船で輸送しています。揚地（船荷を陸揚げする場所。「ようち」が一般的ですが、「あげち」と呼ぶこともあります）に到着したコンテナは倉庫までトレーラーで輸送されます。そのため、生産を依頼してから到着するまでの期間は、製造のリードタイムに加え、輸出・輸入の手続き、そして海上輸送を含めると、数ヶ月かかります。

　需給部門では東日本エリア、西日本エリアにそれぞれ担当者がおり、別々に生産依頼やエリア内の補充計画立案を行っています。一方で、東日本・西日本間でのトラックによる臨時輸送が頻繁に行われていました。生産依頼した時点での予測が外れ、在庫の状況が変わってしまい、品薄や過剰になることがあり、お互いに融通してバランスを取っているとのことです。

　またある時、日本向けの荷物を載せた船が国際情勢による物流寸断で、途中寄港した国から動けなくなり、荷物が届かないということもありました。この時も国内での融通でなんとかしのいだそうです。

　海野さんは考えました。

　「納入するまでの長い期間で需要は変化する、予測が難しいのは仕方ない。でも、なんとか東日本と西日本の融通は減らせないだろうか」

　また、S社は海外にも販売会社や代理店を有しており、国内工場で生産した製品を別の国へ輸出することもしています。こちらも同じく船便での輸送となり、数ヶ月単位での時間がかかります。海外からの要求に対して月1回の船便で輸出します。

　リードタイムが長いので、現地の販売会社からの要求が実需と合っていないようで、到着が間に合わずに欠品するといった問題が起きています。どうしても必

要な場合は緊急的に飛行機で輸送していますが、船での輸送に比べ大幅なコスト増となっています。

　S社のように、海外で生産し輸送費をかけてでも輸入したり、販路を海外まで拡大したりするなど、グローバルなサプライチェーンを構築する企業が増えています。グローバルな場合、国内と比べリードタイムが大幅に長くなります。**予測も長期間での精度が必要で、需給計画の難易度が上がります**。

　現地の需要情報をこまめに把握することは難しく、情報にはタイムラグが生じることもあります。また、需要の変動も日本国内と異なり、文化圏や商習慣の違いにより、その地域で何が起きているのかを把握することも日本国内よりも難しい場合があります。

　長いリードタイムへの対応には、どのような方法があるでしょうか。

 具体的な解決方法

　S社では東西それぞれが独立して生産を依頼していましたが、合算で必要数を依頼し、船が出港する直前に東西それぞれに積載する量を再度指示できるように変更すると良いでしょう。こうすることで、**製造から出荷までの間の在庫変動があっても、積載量の合計が生産数に一致する範囲内にはなりますが、調整が可能になります**。通常は製造から到着までかかるリードタイムを、輸送から到着までに短縮したと考えることができます（図4.10）。

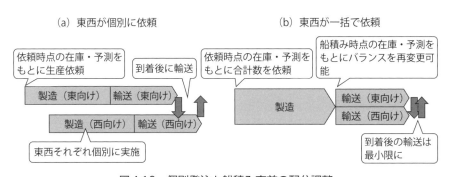

図4.10　個別発注と船積み直前の配分調整

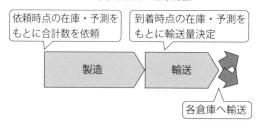

図4.11　到着後の配分調整

　さらに、同一の船便で一旦同じ揚地に到着させ、そこから各倉庫への輸送量を決定する方法もあります。国内での輸送は発生しますが、日本に着くまでの間の在庫変動に対しても調整可能になるので、実質のリードタイムをさらに短縮できます（**図4.11**）。

　国内の仕入れでもリードタイムが長い場合は、仕入先に全社での必要数を発注し、仕入先からの出荷直前に、各拠点への配分を決める、という方式が多くの企業で採用されています。配分数は、発注時点の在庫数ではなく、次回発注の入庫までの需要分を考慮して決定します。在庫日数（在庫が何日分の出荷予定数に相当するか）や安全在庫に対する充足率が、均等になるように配分することが一般的です。

　輸出の場合は、現地の需要計画の精度向上がカギになります。日本で得られる情報には限界があるので、現地担当者に需要計画をできるだけリアルタイムに更新してもらい、連携することが重要です。あわせて、本社側でも現地の需給情報の把握や計画根拠の確認、会議での合意形成などにより、生産計画との調整も容易になります。

　現地の担当者では計画業務自体が難しい、精度が上がらない、というような場合は、やむを得ず本社側が主導して計画を立案することも考えられます。

　また、上記の考え方は、1つの船で複数の揚地を巡回するようなケース（ダイバージョン）にも適用できます。複数の揚地分の当初必要数をまとめて積載し、航路に沿って順に降ろしていく場合、降ろす時点での最新の在庫状況などから都度、最適な必要分を降ろすというやり方があります。あとにまわる揚地ほど自由度が小さくなるので、輸送の難しい遠方の揚地から先に回って確実に必要数を降

ろし、在庫調整のしやすい揚地をあとにすると良いでしょう。

 ## さらなるステップアップを目指す手法

　時代や情勢とともに、各国の人件費、労働条件、市場規模などは変わっていきます。それに伴って、経営戦略にもとづいて、仕入先、生産拠点、在庫拠点を変更することもあります。

　近年、アジア各国の経済成長により、日本製品の販路拡大の機会も増えています。日本から各国に輸送していたものを、1ヶ所の大きな在庫拠点を設け、そこからアジア各国への輸送は車両で行うなど、**自社内のサプライチェーン自体を変更することで、在庫や物流費を削減できる**可能性があります。

- リードタイムが長いと需給計画の難しさが増す
- 複数箇所に納品される場合は、発注時点ではまとめて発注し、仕入先からの出荷直前や船便到着後に各拠点への納品数を決定することで、実質のリードタイムを短縮可能
- 自社内のサプライチェーンネットワークを変更することで、在庫や物流費を削減できる場合がある

これが需給の現場の実態！？

リアルすぎる需給辞典

えむおーきゅー【MOQ】

　本当は必要ないのに納品されてしまう数量。Minimum Order Quantity の略。最低発注数量。

　例：**MOQ**で発注したけど、1年経っても捌けない。

　年に数個しか売れない商品のMOQが10だったりすると発注を躊躇してしまいますが、買っていただけるお客様がいるので仕方なく発注している企業も多いのではないでしょうか？　確かにMOQを設定せずに購入側に都合の良い数量で自由に発注できるようにすれば、生産効率や物流効率が著しく低下してしまいます。供給側としてはMOQを設定することは仕方がないことのように思います。

　しかし、このMOQはどのような理屈で設定されているのでしょうか？　明確な基準に従ってMOQを決めている企業はあまりないように思います。サプライチェーンに関わるコストは原材料調達、生産、物流、受発注、在庫保管、廃棄など複数の企業にまたがって多岐にわたり、全体最適なMOQを求めることはかなり困難な作業です。また、仮に全体最適なMOQが求まったとしても、購入側企業の規模によってそのMOQが与える影響は異なってきます。

　一律に決めるのではなく、発注数量によって価格を動的に変えるなどの取り組みも必要となりそうです。MOQに限らず、全体最適かつ公平な基準の開発はわれわれのようなSCMに関わるIT企業に与えられた大きな課題の1つのように思います。

　我が家では、何日も連続で同じ食材の料理が食卓に並ぶことがあります。低価格に魅せられて、大きすぎるMOQに躊躇することなくその食材を購入したことは、容易に想像がつきます。このように（無理やり消費することによって）需要をコントロールできればそれほどの負担にはなりませんが、これはサプライチェーンの下流に負担を転嫁しているだけとも言えます。

第5章

移動計画における課題と解決策

5-1 トラックの荷台が溢れたり、スカスカだったり

輸送能力に収まるように負荷調整

　機械メーカーK社の需給担当者の半沢さんは、毎月、需要予測結果をもとに3ヶ月先までの工場から出荷倉庫への補充計画を立案しています。また、立案した補充計画をもとに、必要なトラックの種類と台数を算出し、3ヶ月先まで内示として運送業者に伝えています。今月もいつも通り補充計画を立案しています。

　「需要予測では、しばらく同じくらいの出荷が続くみたいだし、工場から倉庫への補充計画も同じくらいでいいかな。3ヶ月後のトラックも同じように内示しておこう」

　3ヶ月後、半沢さんは出荷倉庫の在庫をチェックし、今月運ぶ量を調整しようとしました。

　「倉庫の在庫が少ないな。そういえば最近、需要予測より出荷が上回っていたな。この先も出荷は増えそうだし、工場から多めに運ばないといけないから、トラックも追加手配しないと」

　半沢さんは急いで運送業者にトラックの追加手配をお願いしましたが、

　「申し訳ありません。すでに全てのトラックが手配済みで空きがないので、今から追加でお貸しすることはできません」

と回答が。仕方なく、手配しているトラックに載せることができる分だけを運ぶことにしました。

　半沢さんは改めて3ヶ月後の計画を見直すことにしました。

　「最近、出荷が需要予測を上回っているから補充計画も増やしておこう。それに、トラックの追加手配はできないみたいだから、少し多く手配しておこうかな」

　さらに3ヶ月後、半沢さんはいつも通り、今月の運ぶ量を調整しようとしました。

　「あれ、今月は倉庫の在庫が多いな。そういえば、最近の出荷は需要予測を下回っていた気がするな。工場からあまり運ばなくても良いかも」

　半沢さんは、現在の在庫を考慮して、工場からの出荷倉庫への補充量を少なめにすることにしました。その結果、トラックがスカスカの状態で運ぶことになりました。

トラックドライバーの人手不足や「物流の2024年問題」による輸送能力の低下などでトラックの手配が難しく、直前にトラックの手配数を変更することができなくなってきています。そのため、実際に荷物を運ぶ数ヶ月前からトラックを手配しておく必要があります。手配するトラックの台数を見誤ると、トラックが足りずに荷物が運べなくなったり、トラックが多すぎてスカスカになったりしてしまいます。

トラックが足りずに荷物が運べなくなってしまうと、在庫が足りずに欠品による機会損失を引き起こすことになります。また、トラックが多すぎてスカスカになってしまう場合は、空気を運んでいるようなものなので、無駄に物流コストがかかっていることになります。トラックのキャンセルが可能な場合もありますが、急な変更によるキャンセル料など、こちらもコストがかかってしまいます。

どうすれば適切にトラックを手配できるのでしょうか。また、トラックの手配を見誤った時に欠品や在庫過剰が起きないようにするには、どのような対応をすれば良いのでしょうか。

具体的な解決方法

事前にトラックを手配するためには、需要予測をして、適切に補充計画を立案する必要があります。直近の出荷実績のトレンドや季節性などを考慮し、**需要予測の精度を上げ、補充計画の精度を上げることが、適切なトラックの手配に繋がります**。需要予測の精度を向上させるために考えるべきことについては、第2章を参考にしてください。

しかし、どれだけ需要予測を頑張っても、完璧に予測を当てることはできません。需要予測が外れ、実際に運ぶ量が計画と異なり、手配したトラックに過不足が生じてしまう場合、以下のような対応が考えられます。
①トラック手配数の変更
②補充計画の負荷調整
③積み付けの効率化

1つ目は、運びたい量に合わせてトラックの手配数を変更することです。この対応では、必要な分だけを運ぶことができるため、在庫を適正に保つことができます。しかし、前述の通り、トラックの確保が難しくなっていること、コストが

かかってしまうことなどが原因で直前の手配変更は困難になっています。

2つ目は、**手配したトラックの能力に収まるように補充計画を前倒しまたは後ろ倒しする**対応です。これを「負荷調整」と呼ぶこととします。手配したトラックの積載能力を超える量を運ばなければならない時は、超えている分を前倒しまたは後ろ倒しすることで能力通りに運ぶようにします。反対に、手配したトラックがスカスカになってしまう時は、最低積載量を下限として決めておき、補充量が下回っている分を前倒しすることで能力通りに運ぶようにします（**図5.1**）。後ろ倒しをする場合は、欠品を起こさないように注意する必要があります。需要計画と在庫状況を加味して、無理のない調整をするようにしましょう。このように、前後の補充計画を考慮して運ぶ量を調整することで、在庫量に大きく影響しないように調整することができます。

トラックの積載能力に容積と重量といった複数の制約がある場合、それぞれの制約を満たすように補充計画を負荷調整する必要があります。例えば、容積の最低積載量を満たすために小さくて重いモノをたくさん前倒しすると、重量の積載能力を超過してしまう可能性があります。補充計画を負荷調整する際は、各制約を満たすように運ぶ製品の取捨選択が必要になります。また、補充計画の負荷調整だけでは、能力の上下限に収めることができない場合は、生産計画の調整が必要な場合もあります。

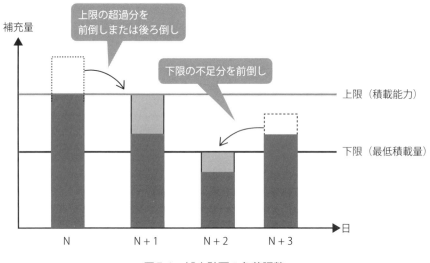

図5.1　補充計画の負荷調整

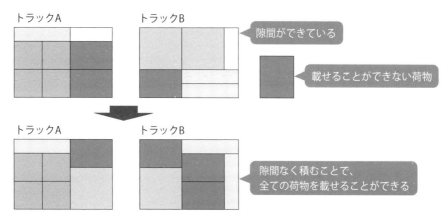

図5.2　効率的な積み付け

　3つ目は、荷物を上手く配置してトラックの荷台に載せることで、入りきらない荷物を積み込む対応です。荷物の大きさがバラバラで荷物と荷物の間に隙間がある場合、その隙間を詰めることができれば、その分荷物を載せられるようになります（**図5.2**）。隙間なく荷物を積み込むために、どの荷物を、どのトラックに、どのように載せるのかを考えることが重要になります。この対応では、できる限り必要な分だけを運ぶようにすることで、在庫を適正に保つことができます。また、効率的な積み付けにより、無駄な物流を減らすことができれば、必要なトラックの台数を減らすことができ、コスト削減に繋げられる可能性があります。

さらなるステップアップを目指す手法

　トラックドライバーの人手不足や「物流の2024年問題」の解決策として、共同配送が注目されています。共同配送とは、複数社が荷物を一緒の車両で同じ配送先へ運ぶことをいいます。物流の方法を共同配送にすることで、運ぶ量が少なく、トラックがスカスカになってしまう場合に、無駄なく効率の良い物流を実現することが可能になります（**図5.3**）。
　共同配送には以下に示すようなメリット、デメリットがあります。

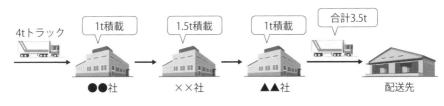

図5.3　共同配送

【メリット】
- 配送の効率化

　1台のトラックに複数社の荷物をまとめて積むことで積載率が上がり、効率良く配送を行えます。効率の良い配送により、必要なトラック台数を減らすことができれば、必要なドライバーが減ることになるため、人手不足解消に繋がります。

- コストの削減

　各社が1台ずつトラックを手配するより、複数社の荷物をまとめることでトラック台数を減らすことができれば、その分物流コストを下げることができます。

- 二酸化炭素排出量の削減

　必要なトラック台数の削減により、トラックが排出する全体の二酸化炭素の量を抑えることが可能になります。

【デメリット】
- 臨機応変な対応が困難

　複数の企業が共同で荷物を運ぶため、一部の企業の都合で都合を変えるわけにはいきません。そのため、荷物の増減やルート変更といったイレギュラーな対応は難しくなります。

- 利便性の低下

　1回の配送で複数の配送先を回るため、細かな時間指定や特定の配送先への個別対応が難しくなります。

- 荷物の追跡が困難

　共同で荷物を運ぶため、自社の荷物の場所を追跡したり、配送状況を把握したりすることが難しくなります。荷物の追跡を正確に行うためには、既存システムのリプレースや、他社と共同で使えるシステムを導入する必要があります。

第 5 章　移動計画における課題と解決策

　共同配送をすることで、物流コストを削減できるといったメリットに目が行きがちですが、利便性などにおいてデメリットもあります。メリット・デメリットを理解して、実現できるかを十分検討する必要があります。

Point

- トラックの手配をする際は、需要予測の精度を上げ、補充計画を適切に立案することが重要
- 手配したトラックに過不足が生じた場合、手配したトラックの能力に収まるように補充計画を負荷調整する必要がある
- 共同配送により、物流コストの削減が期待できるが、利便性が低下するといったことが起こる。メリット・デメリットを理解して、実現できるかの検討をする必要がある

5-2 倉庫が一杯です

倉庫のキャパシティ制約への対処法

　日用品メーカーU社の本社SCM部所属の小倉さんは、10月に営業部門から異動してきたばかり。本社工場から東西2ヶ所の倉庫への補充計画業務を任されることになりました。

　年末商戦に向けて11月下旬から在庫の積み増しをするように前任者から引継ぎを受けていたので、補充を前倒しすることにしました。工場に対しても前倒し生産を依頼しました。12月初めに翌週の補充計画を各倉庫に共有したところ、西の倉庫担当者から

　「そんなに送って来られたら倉庫が溢れてしまいますよ！」

と言われてしまいます。しかたなく販売量の多い主力製品の補充量を減らすことで対応しました。

　ところが工場では計画通り生産したため、今度は工場倉庫が一杯に。近隣の空き倉庫を借りて仮置きする事態となりました。

　悪いことは続きます。翌週、西の倉庫で補充量を減らした主力製品が品薄状態となってしまいました。緊急で車両を手配して大量に補充したところ、倉庫の入庫能力をオーバー。トラックのドライバーを長時間待たせることになり、追加料金が発生してしまいました。

　倉庫のキャパシティ制約は、大きく分けて2種類あります。1つは**倉庫の容量（保管総量）制約**、もう1つは**入庫や出庫の能力（作業人員、バース数）の制約**です。小倉さんは、倉庫のキャパシティ制約が頭に入っていなかったために、様々な混乱を引き起こしてしまいました。問題点は以下の4つです。

● **前倒し計画を立てる時に、倉庫の容量制約を考えていなかった**

　繁忙期前や工場の定期修理前など、前倒し生産・補充が必要になることがあります。出荷自体が前倒しされるわけではないため、おのずと普段より在庫量が増えてしまいます。倉庫容量に余裕がない場合は、倉庫が溢れないように気を付けなければなりません。

● 製品の特性や在庫状況を考えずに補充計画を修正した

　入庫量を減らすことだけに気を取られ、計画変更しやすい、量の多い製品の補充量を減らしました。結果として主力製品の品薄を招いてしまいました。製品の特性や在庫状況を考慮した修正が必要です。

● 補充元倉庫の状況を考えずに補充計画を修正した

　補充量を増減すると補充先倉庫の入庫量だけでなく、補充元倉庫の出庫量も増減します。補充元、補充先の両方の状況を考慮する必要があります。

● 倉庫の1日の作業能力を把握していなかった

　倉庫で1日に出庫、入庫できる量には上限があります。車両が手配できたとしても、倉庫作業が対応しきれるとは限りません。倉庫の作業能力を把握して、その範囲内で補充する必要があります。

具体的な解決方法

　倉庫のキャパシティ制約への対応方法について考えてみましょう。

　まず、不要な在庫を持たないことが最も重要です。死蔵在庫の廃棄、安全在庫の適正化、生産・発注ロットサイズの適正化などにより**必要最小限の在庫で運用できる体制**を整えましょう。

　倉庫の容量にはある程度の余裕を持たせておく必要があります。どの程度の余裕が必要かは、出庫の変動（繁閑差）や入庫（生産、仕入れ、補充）の能力や柔軟性によって変わってきます。必要な余裕幅を見積もっておくことが重要です。

　定常的に容量が不足している場合は、倉庫の増設や外部倉庫の活用による容量確保が必要です。また、即納が求められない場合は、上流の倉庫で多めに在庫を保持するなど、在庫配置をコントロールすることで全体として容量を確保することもできます。

　これらの対応を行った上で、それでも容量オーバーが発生しそうな場合は、補充量を調整するしかありません。調整方法は2通りあります。1つは**上流倉庫からの補充量を減らすこと**（図5.4）、もう1つは**下流倉庫への補充量を増やすこと**です（図5.5）。

　いずれの場合も、容量逼迫倉庫の在庫は、本来必要な量よりも少なくなりますので欠品リスクが高まります。**欠品が許されない重点製品は極力減らさない、安全在庫の充足率が均等になるように減らす**などの配慮が必要です。

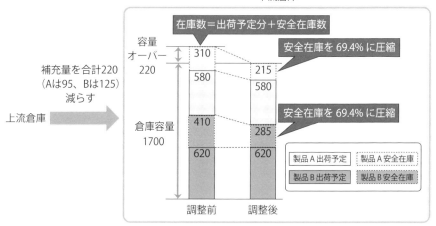

図5.4　上流倉庫からの補充量を減らす調整方法

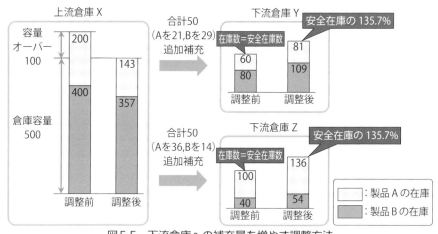

図5.5　下流倉庫への補充量を増やす調整方法

　繁忙期前の前倒し生産のケースでは、全体に在庫が多めになっていますので欠品リスクはあまり高くありません。このような場合は、出荷数の多い主力製品を極力下流倉庫で保持するようにすると良いでしょう。回転の悪い製品を最前線に送り込んでしまうと、想定通りに売れなかった時に融通が利きにくくなるからです。

　なお、上流倉庫、下流倉庫の両方が同時に容量不足になるケースは滅多に起こ

りませんが、もし頻繁にそのような状況が発生する場合は、定常的な容量不足の可能性がありますので、倉庫の増設が必要です。

入庫・出庫能力の制約に対する基本的な対策は、**補充量の平準化**です。補充量を平準化することで、1日当たりの作業量の最大値を最小化することができます。補充量の平準化は輸送量の平準化にも繋がるため、輸送能力が不足している現在に適した対応策と言えます。

また、1日の中での**負荷平準化**も有効です。同じ時間帯に1日分の荷物が同時に届いても一気に処理できません。入出庫時刻が偏らないように計画することで、作業をスムーズに進めることができ、ドライバーの待ち時間を短縮することにも繋がります。

さらに、**補充ロットの適正化**も検討すべきです。同じ量の荷物でも、製品数の多寡によって必要な作業時間は異なります。大ロットであればパレット単位で効率的に入出庫できますし、製品数が少なければ検品に要する時間も少なくて済みます。ただし、補充ロットの大口化は物流効率の観点からは良いことですが、その分在庫量が増えることには注意が必要です。

以上のような対策を講じてもなお能力を超えるようであれば、能力不足ですので、設備や人員の増強が必要となるでしょう。

Point

- 在庫補充業務における制約には、輸送能力制約（「5-1項　トラックの荷台が溢れたり、スカスカだったり」参照）の他に、倉庫容量制約と入庫・出庫能力制約がある
- 不要なものを運ばないこと、無駄な在庫を持たないこと、入出庫業務を効率化することが重要
- 補充量の調整が必要な場合は、上流・下流倉庫での各製品の在庫状況や全製品の総在庫容量を考慮する必要がある

5-3 あっちの倉庫は在庫過剰、こっちの倉庫は在庫不足

在庫を保持する場所と数量の適正化

　食品メーカーT社に勤める塩谷さん。今回の人事異動で在庫管理部門に配属されました。塩谷さんの新しい仕事は、全国にある倉庫の在庫を適切に保ち、欠品しないように補充することです。そのために、毎月どれだけ生産すべきかを考え、工場へ生産依頼しなければなりません。

　早速塩谷さんは、各倉庫から顧客へ出荷した実績をもとに需要予測を行い、在庫と照らし合わせて、倉庫ごとにどれだけ補充するべきかを考えました。この時、ふと前任の担当者から引き継ぎで言われた言葉を思い出しました。

　「そういえば、お得意さんからは絶対欠品しないよう言われているから、多めに在庫するよう言っていたな。念のため全製品1パレットずつ多めに補充するようにしておくか」

　補充計画を完成させた塩谷さんは、次に工場へ依頼する生産量を考えることにしました。

　「各倉庫への補充する数量は決まったから、これを集計して、今工場にある在庫で足りない分を生産すればいいから…。よし、こんな感じかな」

　こうして初めての仕事を終わらせた塩谷さん。自信満々で工場へ生産依頼しました（図5.6）。しばらくして、関西にいる営業担当者から塩谷さん宛に緊急の電話がかかってきました。

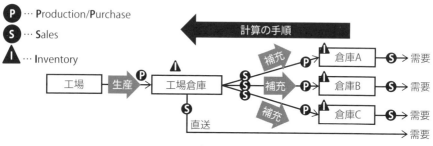

図5.6　倉庫別在庫管理

第 5 章　移動計画における課題と解決策

「この製品、ウチではよく出荷する製品ですよ。今月だって特売の受注が入ってるのに、補充がたったこれだけでは欠品するかもしれません！　すぐに何とかしてください」

これを聞いた塩谷さんもびっくり。

「自分なりにちゃんと考えたつもりだったけど、何が悪かったんだろう…。とにかく、欠品しちゃまずい！　考えるのは後回しにして、先にこっちをなんとかしないと」

そう考えた塩谷さんは、他の倉庫の在庫を確認して、この製品の在庫数量が多い倉庫から順番に在庫を転送してもらえないか確認することにしました。ところが、どこの倉庫も回答が芳しくありません。

「急にそんなこと言われても、ウチもこの製品の在庫が減ってしまうと欠品してしまうかもしれないし…。申し訳ないけど、他の倉庫をあたってもらえますか？」

だいたいの倉庫担当者の回答はこんな感じでした。諦めかけていた塩谷さんですが、それでも順番に確認していくしかありませんでした。次の倉庫はそれほど在庫数量が多いわけではありませんでしたが、ダメ元で電話する塩谷さん。ところが回答は

「ええ、いいですよ。キャンペーンのために先日生産してもらったんですが、急にキャンセルになってしまって、ちょうど困っていたんです」

とすんなりOK。塩谷さんは一瞬、違和感を覚えましたが、なんとか事なきを得て一安心してしまい、この時は深く考えなかったようです。

それから数日後、今度は在庫管理部門の部長に呼び出された塩谷さん。どうやら今月の経営者会議で、全社的な在庫が多くなっていることが問題になり、社長から在庫削減の指示があったようです。部長から、なぜ在庫が増えたのか至急調査するよう命じられました。困ってしまった塩谷さん。

「在庫が多すぎるだって？　この前だって欠品しそうでバタバタしていたのに…。そういえば、在庫を融通してもらった時の担当者も同じようなことを言ってたな。在庫がそれほど多くないのに『余りそうで困っている』とか…。もっと在庫数量が多い倉庫では足りないって言ってたのに。そこに何かヒントがあるのかも…」

いろいろ考えても答えが出ないので、まずは、自分が今回やったことを手帳に書き出してみました。

155

◆ 倉庫ごとの出荷実績を使って将来の需要を予測した

◆ 欠品しないように1パレット分多めに補充した

◆ 各倉庫への補充数を合計して工場に生産依頼した

「そうか、もしかして…」

　自分が考えてやってきたことを整理してみた塩谷さんは、何かに気付いたようです。一体何が問題だったのか、一緒に考えてみましょう。

①倉庫ごとの出荷実績を使って将来の需要を予測した

　各倉庫からの出荷実績をもとに、将来の需要を予測しましたが、これ自体は特に問題はありません。問題のヒントは、関西にいる営業担当者からのクレーム内容です。「2-10項　上手く活用できない特売情報」を読まれた方はすでにお分かりかと思います。そうです、塩谷さんは実績を使って需要予測をして、"通常だとこれくらい売れるだろう"という数字を出していましたが、実際は特売の受注が入っており、それを加味した需要計画になっていなかったということです。

②欠品しないように1パレット分多めに補充した

　塩谷さんは、前任の担当者に言われた通り、1パレット分多めに補充しています。この多めに補充した分を、安全在庫と呼ぶことにします。一見問題ないように見えますが、実はここでの問題は大きく2つあります。

　1つ目は、全製品一律で同じ分だけ安全在庫を設定したということです。製品の中にはよく売れるモノと、あまり売れないモノがあります。よく売れるモノは1パレットでは少なすぎるかもしれないし、逆に売れないモノは1パレットだと多すぎるかもしれません。そう考えると、一律同じ設定で安全在庫を調整するのは乱暴です。

　2つ目は、多めにするという安全在庫のさじ加減を、数量（今回だとパレット）で指定してしまったことです。数量はヒトにとって分かりやすい指標ですが、需要の大小のようにボリュームが全く違うモノを評価する指標としては不向きです。また需要だけでなく、在庫バランスについても同じことが言えます。倉庫別に比べてみると、出荷の多い倉庫とそうでない倉庫もあるはずです。

　今回、在庫数量がそれほど多くなかった倉庫から融通してもらえたのも、実はこれが原因です。あの時、塩谷さんが在庫数量の多い順に問い合わせせず、出荷の大小を考慮して在庫バランスが悪い順に問い合わせしていれば、迅速に対応できていたかもしれません。

③各倉庫への補充数を合計して工場に生産依頼した

　塩谷さんは各倉庫で安全在庫を加味して補充数を計算し、それを合計して工場に在庫がない分を生産依頼していました。実はこの方法だと、各倉庫の補充数は安全在庫を考えて補充することができるのですが、全社的に見ると、倉庫ごとに安全在庫を持ってしまい、安全在庫分が膨れあがって想定より多めの在庫になりやすい、という問題があります。今回で言うと、経営者会議で全社的な在庫が多くなっていることが問題になったのは、これが原因です。

　まとめると、以下の問題点が浮き彫りになりました。
◆特売を考慮した需要予測ができていなかった
◆全製品一律に安全在庫を設定していた
◆安全在庫を数量で指定していた
◆各倉庫で安全在庫を保持してしまい、全社的な在庫が膨れ上がった

　それでは、これらの問題について、どうやって解決したら良いのでしょうか。具体的な解決方法について順に見ていきましょう。

具体的な解決方法

　まずは、特売を考慮した需要予測ができていなかった問題点についてです。こちらについては「2-10項　上手く活用できない特売情報」で詳しく述べていますので、ここでは省略します。

　次に全製品に対し、一律に同じ安全在庫を設定していた問題点についてです。そもそも安全在庫とは、企業や組織が予期せぬ事態や需要の変動に対応するために保持する在庫のことを指します。従って、安全在庫の量はどのように決めるべきかというと、需要の変動やリードタイム（製品を受け取るまでの時間）などの要素をもとに計算されるべき、ということになります。当然、製品によって需要の変動は異なりますし、リードタイムも変わってくるので、一律同じ、という訳にはいかないことが分かるかと思います。

　例えば、需要の変動が少ない製品は安全在庫を1パレットに、需要の変動が多い製品は2パレットにする、といった安全在庫の設定方法が考えられます。

　安全在庫を数量で指定していた問題点については、どのようにすべきだったのでしょうか。前述した通り、数量は分かりやすい指標ですが、そもそもボリュー

ムが違うモノを評価する指標としては不向きです。それでは、どのような指標で評価すればいいのでしょう。このようなケースでは一般的に、在庫月数（または日数）で評価します。在庫月数は、保有している在庫が何ヶ月分の需要に相当するのかを示す指標です。具体的には、在庫月数は、在庫数量を月平均出荷数で割った値になります。この値が低いほど、在庫を迅速に売り上げることができており、在庫の滞留や廃棄を最小限に抑えることができていると言えます。

一方、在庫月数が高い場合は、在庫が滞留している可能性があり、経営効率が低下していることを示すことがあります。在庫数量ではなく、この**在庫月数であれば、需要のボリュームを考慮した判断が可能**ですが、どれくらいの在庫月数が妥当かは、経営状態や業種、または製品によって異なるため、比較対象として同業他社や過去の自社のデータと比較することが重要です。

最後に、各倉庫で安全在庫を保持することで、全社的な在庫が膨れ上がった問題点については、どうすべきだったのでしょうか。これを解決する上で理解しておかなければならないのは、在庫管理方式の違いです。

まず、今回塩谷さんが考えたやり方は、倉庫別在庫管理と呼ばれます。この方法は図5.6の通り、まず各倉庫の需要を計算して、その上で不足分と安全在庫を考慮して補充し、その合計で生産量を計画していました。この方法は、主に補充計画の立案に向いている在庫管理方式で、倉庫ごとに適正な在庫管理をすることができますが、それぞれの倉庫ごとに安全在庫を持つために、全社的に見ると在庫過剰になりやすいという欠点があります。

1つの答えが、エシェロン在庫管理と呼ばれるやり方で、全体の在庫を見て過不足を計算する方法です（**図5.7**）。流通在庫を含めたサプライチェーン全体で

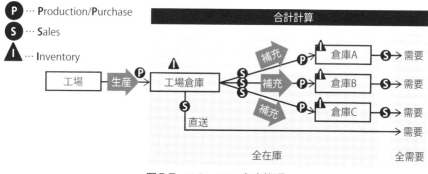

図5.7　エシェロン在庫管理

の在庫管理ができるため、生産計画の立案でよく使われる方式ですが、一方で、エシェロン内全ての倉庫在庫が融通できるという前提のため、倉庫間の転送に時間とコストがかかる場合は成り立たないという欠点もあります。

このように、**倉庫別在庫管理とエシェロン在庫管理どちらにもメリット・デメリットが存在**します。従って、どちらか一方だけでなく、2つの方法を使い分けることが重要です。

さらなるステップアップを目指す手法

以上、4つの問題点それぞれについて具体的な解決方法を順に見てきましたが、これで全てでしょうか。さらに良くする方法が他にないか考えてみましょう。

今回全ての製品を各倉庫で在庫するようにしていましたが、これは果たしてベストな方法でしょうか。よく売れる製品はなるべく早く出荷できるようにお客様に近い倉庫に在庫すれば良いと思いますが、逆にあまり売れない製品も各倉庫で在庫してしまうと、その分全体の在庫が膨れ上がります。従って、あまり売れない製品などで、かつ即納性が求められない場合は、工場で在庫しておき、受注が入った段階でその倉庫に補充すれば、余計な在庫を持つ必要がなくなります。このように、**在庫する場所を考えるだけでも、全体の在庫を抑制することができる**かもしれません。

また、関西にいる営業担当者から、至急製品を調達して欲しいと言われた塩谷さんですが、どの倉庫に問い合わせてもあまり相手にしてもらえず、回答が芳しくありませんでした。普段からコミュニケーションを取れていれば、もう少し話も聞いてもらえて、各倉庫から少しずつ在庫を融通してもらえたかもしれません。こういった緊急事態に円滑に対応できるよう、日頃から信頼関係を構築しておくことも大事です。

- 安全在庫や在庫偏在は、数量ではなく在庫月数で評価する
- 生産計画は全社在庫を抑えるためにエシェロン在庫管理、補充計画は倉庫別在庫管理、というように目的に応じて在庫管理方式を使い分けることが重要
- よく売れる製品は下流の出荷拠点に在庫することで顧客満足度向上を、あまり売れない製品は上流の出荷拠点に在庫することで在庫削減を狙える

これが需給の現場の実態！？

リアルすぎる需給辞典

ぜんたいさいてき【全体最適】

　全ての関係者が少しずつ害を被ること。誰もが目指そうとするが、たどり着いた者はほとんどいない。

　例：部分最適ではなく**全体最適**を目指そう。

　どんな業務でもそうですが、特に需給管理は関係部門間の利害の対立が起きやすい業務です。例えば、営業部門は欠品を防ぐために在庫は多い方がうれしいですが、物流部門は在庫が少ない方がうれしいです。また、営業部門は計画よりも多く売れた方がうれしいですが、製造部門は急な計画変更で生産性が下がってしまいます。

　組織としての全体最適を目指すには、営業は売れるものを売らない、製造は小ロットで生産する、物流は外部倉庫を借りて在庫するといった具合に少しずつ我慢する必要があります。

　どうすればこの誰もうれしくない状態に向かって進んでいけるのかが問題です。まず、全体最適がどのような状態なのかを明確にしてメンバーに共有することが大切です。言うは易く行うは難しですが。

　以前、旅行の行き先について妻・娘・私の意見が完全に割れたことがありました。全体最適を狙い3人ともが楽しめそうな全く別の行き先を提案したところ、あっさり却下されました。家庭では全体最適より部分最適の方が良さそうです。いや、私以外の2人が幸せであることが全体最適なのかもしれません。

第 **6** 章

在庫管理における
課題と解決策

6-1 迫りくる出荷期限

出荷期限を考慮した計画立案

　食品メーカーT社の塩谷さんは、先日人事異動で在庫管理部門に異動してきました。全国の倉庫の在庫を適切に保ち、欠品しないように補充するため、日々の在庫チェックは欠かせません。

　塩谷さんは「5-3項　あっちの倉庫は在庫過剰、こっちの倉庫は在庫不足」で学んだように、全国の在庫数量だけでなく、在庫月数もチェックし、欠品になりそうな商品がないことを確認しました。在庫月数が少し大きい商品が一部ありましたが、在庫が多い分には欠品にはならないだろうと考え、その日の業務を終えました。

　翌日、在庫月数が大きかった商品について、塩谷さんへ問い合わせがありました。

　「明後日には在庫がなくなって欠品しそうですけど、次の入庫はいつですか？」

　「昨日在庫を確認しましたけど、まだ1ヶ月くらいはもつはずですよ。もしかして急な大口注文でもありましたか？」

　「いえ、今うちの倉庫にある在庫は、ほとんどが出荷期限ギリギリなんですよ。先月、得意先の1つとの取引がなくなって在庫が滞留していたせいで、出荷期限が迫っていて…。明後日には出荷期限が切れてしまうので、他のお客様にも出荷できなくなってしまいます」

　塩谷さんは在庫数の確認はしていましたが、出荷期限の確認まではしていませんでした。慌てて他の倉庫から補充を手配し、なんとか乗り切りました。

　さて、塩谷さんは出荷期限の確認ができていなかったようです。すでにご存じの読者の方も多いでしょうが、ここで出荷期限について説明します。

　食品業界には「3分の1ルール」という商慣習が存在します。製造日から賞味期限までの期間を3等分し、納入期限、販売期限を設ける商慣習です（**図6.1**）。消費者が購入後、賞味期限内に消費できる十分な期間を確保するために設定されています。

第 6 章　在庫管理における課題と解決策

出典：農林水産省プレスリリース（2022/11/2）をもとに作成
(https://www.maff.go.jp/j/press/shokuhin/recycle/221102_17.html)

図6.1　3分の1ルール（賞味期限6ヶ月の例）

　納入期限：メーカーや卸売から小売店に納入する期日（最初の3分の1期間内に納入）
　販売期限：小売店が店頭で販売可能な期日（次の3分の1期間内に販売）

　メーカーは、小売店にモノが届くまでのリードタイムを考慮して出荷する必要があるので、納入期限からリードタイム分遡った日が「出荷期限」となります。
　3分の1ルールにより、**賞味期限の3分の1以内に納入できなかったモノは、賞味期限まで多くの日数が残っているにも関わらず、値引き販売や廃棄となる可能性があります**。では、出荷期限にはどのように対応すると良いのでしょうか。

　具体的な解決方法

　塩谷さんのように、出荷期限を考慮できていないと、出荷期限が切れた在庫を出荷できず、欠品を招く可能性があります。それを防ぐには、**出荷期限を考慮した在庫シミュレーションを行い、補充計画立案ができる仕組みづくりが必要**です。そのためには、今ある在庫の出荷期限を把握しておく必要もあります。
　出荷期限を考慮した在庫シミュレーションの例を**図6.2**に示します。PSI情報のうち、P（入庫）には上流在庫拠点からの入庫情報を使用し、S（出庫）には需要予測した結果を使用し、I（在庫）には製造日別在庫を使用します。
　製造日別在庫がどのように変化するかを把握することで、出荷期限までに在庫が消費しきれるかが分かります。出荷期限が切れてしまう場合は、そのタイミングを把握し、適切なタイミングで補充できるよう計画立案することが可能になります。

163

※在庫は先入れ・先出しで計算

補充計画立案	3/30	31	4/1	2	3	4
P：入庫	6			15		
S：出庫		5	5	5	5	5
I：在庫	20	15	6	16	11	6
期限切れ			4			

製造日別在庫計算							
製造日	期限日	3/30	31	4/1	2	3	4
3/26	4/1	14	→9	→4			
3/30	4/4	6	6	6	→1	→0	
4/2	4/8				15	→11	→6

期限切れ在庫の発生を考慮した所要量計算

4/1 の出庫 5 を引いても 4 個残るので、期限切れとして、当該製造日の在庫＝0 とする
（4 個は期限切れとして在庫から減算）

図6.2　出荷期限を考慮した在庫シミュレーション

さらなるステップアップを目指す手法

　食品業界全体の取り組みとして、3分の1ルールを撤廃し、2分の1期限まで納品可能とする「2分の1ルール」に移行する動きがあります。これにより、小売店に納品するまでの期限が延び、食品ロス削減が期待できます。すでに実現に向けて動いている企業は多いと思いますが、まだまだ全ての企業で実践されているわけではありません。**業界全体で出荷期限緩和に向けた働きかけをしていくことが重要**です。

　メーカーとしては、3分の1ルールを緩和してくれる顧客を新規に開拓するか、既存顧客との交渉が必要でしょう。3分の1ルールを緩和してくれる顧客を見つけた場合は、従来の3分の1ルールの顧客と分けて管理しましょう。

　「具体的な解決方法」で取り上げた在庫シミュレーションも、3分の1ルールの出荷期限と2分の1ルールの出荷期限の両方を考慮する必要があります。そのためには、出庫を3分の1出荷期限の顧客への出庫と2分の1出荷期限の顧客への出庫に分け、在庫も3分の1出荷期限と2分の1出荷期限の両方でシミュレーションします（**図6.3**）。

　管理が煩雑で、高度な需給計画立案となりますが、これまで廃棄となっていた3分の1出荷期限切れの在庫を、2分の1出荷期限で受け入れてくれる顧客へ回すことにより、食品ロス削減だけでなく企業の利益アップが期待できます。

　3分の1ルール撤廃の他にも、賞味期限表示の大括り化も食品業界全体で取り

第6章　在庫管理における課題と解決策

※在庫は先入れ・先出しで計算

補充計画立案					
	3/30	31	4/1	2	3	4
P：入庫	6			15		
S：3分の1出庫		3	3	3	3	3
S：2分の1出庫		2	2	2	2	2
I：3分の1在庫	20	15	10	18	15	10
I：2分の1在庫	0	0	0	2	0	0
2分の1出荷期限切れ	期限切れが発生しない					

製造日別在庫計算							
製造日	3分の1出荷期限	2分の1出荷期限	3/30	31	4/1	2	3	4
3/26	4/1	4/4	14	→9	→4	→2	→0	
3/30	4/4	4/7	6	6	6	→3	→0	
4/2	4/8	4/11				15	15	→10

4/2からは2分の1ルールの顧客のみに使用可能な2分の1在庫として扱う

3分の1在庫：3分の1出荷期限内の在庫
　　　　　（3分の1ルールの顧客、2分の1ルールの顧客双方に使用可能）
2分の1在庫：3分の1出荷期限は切れているが、2分の1出荷期限内の在庫
　　　　　（2分の1ルールの顧客のみに使用可能）

図6.3　3分の1出荷期限、2分の1出荷期限を考慮した在庫シミュレーション

組まれています。「年月日表示」を「年月表示」や「日まとめ表示（例えば年月日の日を10日単位で統一）」とすることです。

「年月日表示」だと、今ある在庫の賞味期限よりも、新たに納品されるモノの賞味期限が前だった場合、ロット逆転が発生するため納品できないことがあります（ロット逆転については「6-2項　許されないロット逆転」参照）。納品できなかったモノは廃棄の可能性が高まります。ところが、「年月表示」で同一月内5日と15日に製造したモノは、同じ賞味期限として扱うことができます。つまり、同一月内であれば製造日ごとに賞味期限、出荷期限の差が生じなくなり、結果的に今ある在庫と納品するモノの差も生じにくくなります。これにより、食品ロス削減が期待できます。

Point

- 食品業界には「3分の1ルール」という商慣習が存在し、食品ロスの要因の1つとなっている
- 出荷期限を考慮した在庫シミュレーションにより、補充計画立案できる仕組みづくりが重要
- 業界全体で食品ロス軽減を目指し、出荷期限を緩和していく働きかけを

6-2 許されないロット逆転

ロット逆転発生のメカニズム

　食品メーカーT社に勤める塩谷さん。在庫管理部門に配属され、だいぶ業務にも慣れてきたようです。配属されたばかりの頃は在庫数量を見て管理していましたが、今では在庫月数の管理に変更して、各倉庫の在庫が偏在しないようにバランス良く管理しているようです。それでも急な受注が来るのがこの業界の常。今日も関西の営業担当者から急な大口の注文があったようです。

　「こんな大口受注、今から生産しても間に合うかどうか…。ダメ元で製造部に確認してみよう」

　製造部門に緊急生産が可能か問い合わせましたが、答えはNO。残業して対応しようにも、そもそも原料の調達が間に合わないそうです。在庫月数の管理に変えてから、各倉庫の在庫バランスも改善されたため、以前のように他の倉庫に在庫が余っている可能性も低いです。しかし他に方法がないため、可能性のありそうな倉庫に在庫を融通してもらえないか、問い合わせてみました。

　「大丈夫ですよ。ちょうど先月の大口受注のキャンセルがあって、困っていたんです。製造日は少し古いロットになりますが、それでも良ければ」

　「古いといっても出荷期限はまだ大丈夫なんですよね？　すぐに関西の倉庫へ転送をお願いします」

　その数日後、大口受注があった関西の営業担当者からクレームが来てしまいました。

　「あんな古い在庫を送られても困ります。これだと大口受注のあったお客様に出荷できません」

　「出荷期限にはまだ余裕がありますよね？　大丈夫なはずですが…」

　「出荷期限だけ満たしてたらいいってわけじゃないですよ。ロット逆転していたら出荷できないのは当たり前でしょう」

　関西の営業担当者はだいぶご立腹のようですが、塩谷さんには何がなんだかよく分かりません。とりあえずこの場は、転送してもらった倉庫に相談して、新しい在庫と取り換えてもらえるよう調整できたので、なんとか事なきを得たようです。

それでは、今回の塩谷さんの対応について、何が悪かったのか考えてみましょう。キーワードは関西の営業担当者が言っていた「ロット逆転」です。

ロット逆転とは何でしょうか。**SCMにおける**ロット逆転**とは、製造や流通のプロセスにおいて、通常の生産や配送の順序とは逆に、前回出荷した製品よりも製造日が古い製品が先行して出荷したりすることを指します。**

このロット逆転は、どういった時に発生するのでしょうか。ロット逆転は、需要予測の誤りや生産計画の変更、物流の遅延、他の倉庫からの転送などが原因で発生することがあります。例えば、需要が急増したために急遽追加生産し、本来出荷するはずの倉庫を経由せずに工場から顧客へ直送した場合、そのあと通常のルートで出荷された在庫は直送した製品より古いロットになる可能性があります（図6.4）。

また、海外販売しているケースで、通常は船便で輸送しているが、在庫がなく

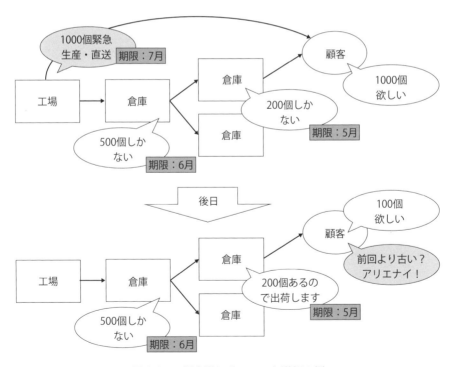

図6.4　工場直送によるロット逆転の例

なり緊急出荷が必要になった、船便が遅延した、などの理由で航空便を使って輸送した場合、船便で届いた在庫は、航空便で届いた在庫よりもロットが古い在庫かもしれません（ただし、もともと輸送に時間のかかる船便で輸送しているような場合、出荷期限が十分長い製品であることが多く、ロット逆転したとしても問題になるケースは少ないかもしれません）。さらに、今回のように他の倉庫から、今ある在庫より古いロットの在庫が転送されてくる可能性もあります（**図6.5**）。

このような原因で発生するロット逆転は、なぜ問題になるのでしょうか。わざわざ説明する必要もないかもしれませんが、顧客の立場で見てみると、前回納品された製品より古い製品が納品されてしまうことになるからです。特に食品のように、鮮度管理が必要な製品の場合、顧客に対して前回出荷した期限より古い期限のモノを出荷するのは原則NGです。

さらに、ロット逆転の問題は、サプライチェーン全体に影響を及ぼす可能性があります。ロット逆転を避けるため新しい在庫を出荷してしまうと、それにより古い在庫が増加して廃棄が発生しやすくなったり、ロット逆転解消の調整に時間

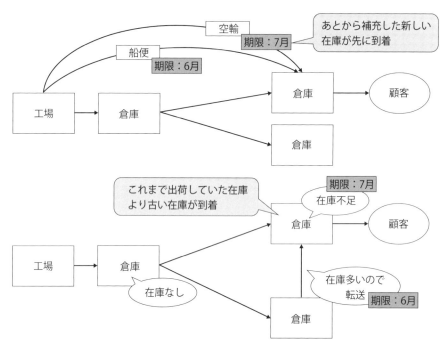

図6.5　輸送手段の違いによるロット逆転の例

がかかると、結果的に顧客への出荷遅延などが発生するからです。そのため、SCMではロット逆転の効率的な予防や対策が重要とされています。どういった解決策があるのか、具体的に見ていきましょう。

具体的な解決方法

同じ出荷先で見た時に、前回出荷したロットより古いロットを出荷してしまうとロット逆転が発生することが分かりました。基本的に、倉庫からの出荷は古い在庫から引き当てる「先入先出法」が一般的ですが、前述した通り古い在庫が入庫してしまうと、先入先出法では対応できなくなります。

どういった方法で解決できるのでしょうか。残念ながら簡単にできる完璧な対応方法はありません。しかし、ある程度ルールや管理方法を見直すことで、抑制することは可能です。

まずは、前述したような**ロット逆転の原因となるモノの運び方を、なるべくしないようにする**ことです。もちろん、そのためには需要予測の精度を上げるなどの対応も必要になってくるでしょう。しかしそれでも100%防ぐことは不可能です。従って、次に考えるべき方法は、ロット逆転を防止するために、あらかじめ**出荷先ごとに前回どのロットを出荷したのか把握しておく**ということです。今回塩谷さんも、どのロットならOKなのか事前に確認しておけば、関西の営業担当者に怒られることはなかったかもしれません。

少し違う話になりますが、顧客によっては、一度に納入される製品が同一ロットでないとNGの場合もあります。この場合、**出荷サイズごとにロットが混在しないように在庫割り当てる**必要があるので、問題がさらに複雑になってきます。こういった場合には、制約が厳しい顧客から順に在庫を引き当てるなどの工夫が必要になってきます。

- ロット逆転の発生を抑制するため、倉庫間の転送にも注意が必要
- ロット逆転を防ぐには、あらかじめこの出荷先には前回どのロットが出荷されたのか把握しておくことが必要
- 顧客によっては、一度に納入される製品が同一ロットでないとNGの場合があり、出荷サイズごとにロット逆転しないよう計算する必要がある

169

6-3 今、出荷できる在庫はいくつ？

使える在庫数を把握する

　日用品メーカーU社の補充計画担当者の小倉さんは、毎週、需要予測結果をもとに、工場から倉庫への補充計画を立案しています。今週もいつも通り補充計画を立案しようとしています。

　「この商品はあまり需要がないし、在庫は十分あるから、あまり補充しなくてもいいかな」

　小倉さんは、在庫状況を考慮して、少なめに補充計画を立案しました。

　2日後、営業担当者の大川さんから連絡がありました。

　「得意先a社から受注が入ったのですが、在庫が足りないようです。いつ補充されますか？」

　小倉さんはすぐに在庫を確認しました。

　「前に確認した時から急に在庫が減っているな。これだとa社向けに出荷できない…」

　不思議に思った小倉さんは、在庫が減っている原因を調べました。確認したところ、補充計画を立案した2日前にはすでに別の得意先b社から受注が入ることが分かっており、十分あると思った在庫には、b社の受注用に確保されていたものが含まれていたことが分かりました。つまり、実際に使える在庫は確認したものより少なかったのです。

　在庫が足りないため、a社の納期までに商品を発送できず、a社からの信頼を失うこととなってしまいました。

　小倉さんが実際に使える在庫を見誤ってしまった原因は、すでにb社向けに在庫を確保していることが共有されなかったことです。

　今使える在庫がどれだけあるのか、今後使えるようになる在庫はどれだけあるのかという情報が共有されないと、以下のような問題が起こることがあります。

◆得意先向けに確保されている在庫を「使える在庫」として見誤ることで、新たな受注に引き当てることができずに欠品となってしまう

◆ 出荷判定待ちの在庫を「使えない在庫」として見誤ることで、追加で生産してしまい、過剰在庫となってしまう

欠品や過剰在庫を引き起こさないように生産計画、補充計画を立案するため、使える在庫を見誤らないようにするにはどうすれば良いのでしょうか。

  具体的な解決方法

在庫を適正に保ち、迅速な需給調整を実現するためには、日々の企業活動の中で様々なタイミングで発生する在庫情報を適切に管理・把握できる仕組みが必要になってきます。特に、**在庫情報として在庫の種類を示す在庫ステータスを定義して、「今ある在庫のうち使える在庫はどれだけあるのか、今後使えるようになる在庫はどれだけあるのか」を正しく把握することが重要**です。図6.6に在庫ステータスの例を示します。

在庫ステータスを定義するだけで満足してはいけません。**在庫ステータスから、先々の在庫推移を正確に把握し、欠品や過剰在庫を引き起こさないように生産・補充計画を立てる必要があります。**

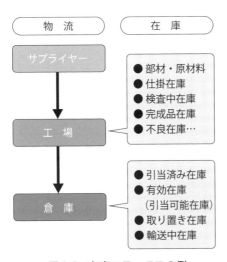

図6.6　在庫ステータスの例

171

例えば、特定の得意先の受注に備えて確保する在庫として「取り置き在庫」というステータスを定義した場合、取り置き在庫は使えない在庫となるため、全体の在庫数から除いて、生産・補充量を計算する必要があります（図6.7）。
　さらに、特定の得意先向けに在庫の取り置きが常態化している場合、その得意

取り置き在庫考慮なし

	先週	今週	来週
P：補充量		?	?
S：需要予測		40	40
I：在庫数	100	?	?

取り置き在庫考慮あり

	先週	今週	来週
P：補充量		?	?
S：需要予測		40	40
I：在庫数	100	?	?
取り置き在庫	50		

図6.7　取り置き在庫を考慮した補充計画

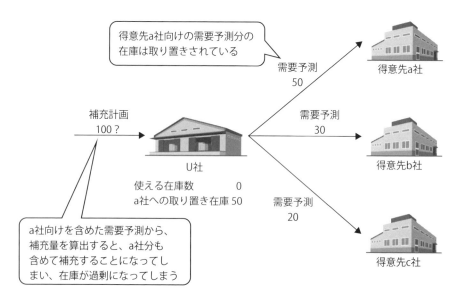

図6.8　在庫取り置き時の需要予測の問題点

先分も含めて予測をすると**図6.8**に示すように、在庫過剰を引き起こしてしまうといった問題が発生します。そのため、取り置き分の需要を需要予測から除いておく必要があります。

また、出荷判定の検査を実施中の在庫として「検査中在庫」というステータスを定義した場合、検査で良品と判定されて使えるようになるタイミングを管理して先々の在庫数を考える必要があります。検査中在庫を考慮する際、不合格とみなされる在庫もあるため、全てが出荷可能となるわけではありません。**生産計画を立案する場合に、全て合格するとみなすのか、過去の不合格となる割合から合格する量を仮定するのかを検討する必要があります**（図6.9）。

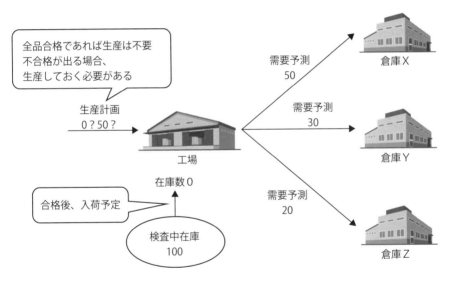

図6.9　検査中在庫の取扱い

> **Point**
> - 在庫のステータス管理により、「今ある在庫のうち使える在庫」「今後使えるようになる在庫」を正しく把握することが重要
> - 在庫ステータスから先々の在庫推移を正確に把握し、生産・補充計画を立案することが重要
> - 検査中在庫を考慮する場合、不合格となることも考えて、実際に使えるようになる数を見積もることが必要

6-4 VMIは責任重大

サプライヤーと顧客の協力による在庫管理

　食品メーカーV社に勤める渋井さんは、3ヶ月前から主要顧客である大手スーパーマーケットY社の専用倉庫への補充を担当しています。専用倉庫にある在庫はV社の所有であり、専用倉庫からY社の店舗へ出荷された時に売上が発生する仕組みとなっています。

　渋井さんの役割は、専用倉庫から店舗への出荷量を予測し、在庫が切れないように適切に自社の倉庫からY社の専用倉庫へ製品を補充することです。万一欠品が発生すると信用を失い、店舗の棚が競合他社製品に置き換えられてしまう可能性があります。そのため、極力在庫は多めに持ちたいのですが、賞味期限があるため無尽蔵に持つわけにもいきません。売れ行きを予測し、欠品も期限切れも起こさないよう慎重に補充量を決定するという業務にも、ようやく慣れてきたところです。

　ところがある日、主力製品の1つが大量出荷で危うく欠品しそうになってしまいました。営業担当者に問い合わせたところ

　「先週末の特売でかなり売れましたよ！ Y社さんも喜んでくれています」
との回答が。

　「売れたのは良いことですけど、特売なんて知らなかったから危うく欠品するところでしたよ…。信用問題に関わるので、今後は事前に連絡してくださいね」

　しばらくは順調な日々が続いていましたが、ゴールデンウィークの需要増に備えて専用倉庫の在庫を積み増したところ、ある製品だけが思ったように店舗へ出荷されていきません。このままでは期限切れが発生してしまいます。

　「まさかまた重要な情報を連絡してくれなかったのでは…」

　営業担当者に確認してみましたが、心当たりはないとのこと。結局、期限切れが発生し、V社が廃棄コストを負担することになってしまいました。渋井さんは再発防止策を検討しますが、さっぱり原因が分かりません。

　数日後、実は競合製品の特売があったことが分かりました。

サプライヤーが顧客の在庫を管理する形態のことをVMI（Vendor Managed Inventory）と言います。顧客が自社の在庫を管理してサプライヤーに発注するという形態が一般的ですが、VMIではサプライヤーが顧客企業の在庫を監視し、必要な時に適切な量を補充することで、顧客の在庫管理の負担を軽減します。在庫の所有権はサプライヤー側にあり、顧客側が出荷した時点で所有権が顧客企業に移転することが一般的です。

顧客、サプライヤーそれぞれにとってのVMIのメリットとデメリットを**表6.1**に示します。

顧客にとって最大のメリットは在庫リスクの低減です。必要な時に必要なだけの供給が約束されているので欠品リスクは抑制されます。また、所有権はサプライヤー側にあるため、自社の在庫は店舗在庫のみとなり在庫回転率は向上します。さらに、過剰在庫による廃棄リスクもありません。

もう1つのメリットは、在庫管理や発注の業務が不要になり人件費を削減できることです。いわゆるアウトソーシングの一種と言えます。これにより、店舗における販売活動や顧客サービスに集中することができます。

一方で、顧客にとってのデメリットもあります。最大のデメリットは、サプライヤーへの依存度が大きくなることです。自社で在庫管理せずに済むというメリットの裏返しですが、自社で在庫をコントロールすることができなくなります。また、サプライヤーのサービスレベルによっては欠品が多発したり、必要以上に倉庫容量を大きくする必要が発生したりするリスクがあります。

さらに、情報公開のリスクもデメリットの1つです。サプライヤーに在庫管理を委託するため、対象製品の在庫数や出荷数の情報を公開する必要があります。これらのデータは自社の販売戦略や経営状況を反映したものであり、その情報を

表6.1　VMIのメリット／デメリット

立場	メリット	デメリット
顧客	● 在庫リスクの低減 ● 在庫回転率向上 ● 在庫管理業務が不要	● サプライヤーへの依存度大 ● 情報公開リスク
サプライヤー	● 市場や顧客の需要動向の把握 ● 生産効率、物流効率を考慮した補充が可能 ● 顧客満足度の向上	● 資産増加リスク ● 在庫リスク（欠品、廃棄リスク）

他社へ提供することは競合他社への情報流出などのリスクが伴います。

　もう1つのデメリットは在庫管理委託費用が発生することです。本来自社で行うべき業務を委託しているため、費用が発生するのは当然ですが、得られるメリットに見合った費用かどうかの評価が必要です。

　サプライヤー側にとっての最大のメリットは、顧客企業の出荷状況や在庫状況を正確に把握できることです。自社の出荷データよりも消費者に近いデータであるため、よりタイムリーに市場における需要の変化を捉えることができます。

　もう1つのメリットは、補充のタイミングや量をコントロールできることです。通常の顧客からの発注によって出荷する形態では、顧客の要求通りに出荷することが求められます。VMIの場合は、在庫を適切な範囲内に維持している限り、自社の都合で補充することができるので、生産効率や物流効率を考慮した補充が可能となります。また、補充業務を適切に行うことで、顧客にとってのメリットを最大化し、顧客満足度が向上し、長期的に良好な関係の構築に繋がる可能性があります。

　サプライヤーにとってのデメリットは資産増加リスクです。本来顧客の資産となるはずの在庫が自社資産となります。自社資産ではありますが、基本的に相手先顧客専用の在庫であるため他の顧客との共用はできません。

　また、前述した通り欠品は許されないため、ある程度多めに在庫を保持する必要があります。一方で使用期限（食品の賞味期限など）がある製品の場合は、在庫が多くなると廃棄リスクも高まります。

　VMIは、サプライヤーと顧客が情報共有することで、お互いのメリットを享受することを目的に考えられた形態ですが、実際にはいずれか一方にしわ寄せが及んでいるケースが多いように感じます。顧客側の力が強い場合、サプライヤー側はVMIを当然のこととして受け入れ、十分な見返りを得ることなく、変動する需要に必死で対応せざるを得ないという状況が見られます。一方、サプライヤー側の力が強い場合、顧客は高額な委託費用や仕入価格への上乗せを受け入れざるを得ません。

176

具体的な解決方法

　VMIがサプライヤーと顧客双方にとってメリットがあるようにするためには以下の点に留意する必要があります。
①**情報共有**
　サプライヤーが顧客の在庫を管理するため、顧客倉庫の在庫状況や出荷状況の共有は必須です。それだけでなく、店舗における販売施策などの需要の変動に関係する情報の共有も欠かせません。このような情報は顧客から直接入手することが難しければ、サプライヤーの営業部門から入手することも検討すべきです。また、情報共有をタイムリーかつ円滑に行うには情報システムの整備も必要になります。顧客からサプライヤーに向けてだけでなく、サプライヤーからの情報共有も有効です。
　どのような需要予測をもとに、いつどれだけ補充する予定なのかを共有することで、サプライヤーは顧客のチェックによって大きなミスを防ぎ、顧客はサプライヤーの計画の妥当性を検証できます。
②**契約条件と責任範囲の明確化**
　VMIの契約条件や責任範囲を明確に定めることが重要です。在庫の所有権、欠品が発生した時や廃棄が発生した場合の責任など、双方が納得できる取り決めを行いましょう。また、契約の更新や変更に関するプロセスも明確化しておくことが重要です。
③**需要予測と在庫適正化**
　サプライヤーは顧客の需要を精度高く予測し、在庫適正化に努めることが求められます。そのためには、需給計画システムを活用するなどして、科学的根拠にもとづいて補充量を決定することが必要です。人の経験と勘だけに頼っていると、欠品や廃棄などが発生した際に、本当に防げなかったのか、今後同様の事象が発生した場合にどうすれば欠品や廃棄が防げるのかを検討することができません。

　以上の点は、サプライヤーと顧客の間に信頼関係があることが前提となります。自社のメリットだけを求めるのではなく、双方にとってメリットがあるようお互いに協力することが肝要です。

さらなるステップアップを目指す手法

VMIと似た在庫管理形態にCPFR（Collaborative Planning, Forecasting and Replenishment）があります。小売業者とメーカー、卸が相互に協力して「製品の企画・販売計画」「需要予測」「在庫補充」を協働して行い、欠品防止と在庫削減を両立させることを目指す取り組みのことです。サプライチェーンの上流側と下流側が互いに協力して在庫補充を行うという点はVMIと同じですが、以下の点が異なります。

①需要予測・補充の主体
VMIはサプライヤーが主体となって需要予測・補充を行うのに対し、CPFRは両者が協働で行います。

②情報共有
VMIは主に顧客からサプライヤーへの情報共有が行われますが、CPFRは需要予測や補充計画に関する情報を双方向で共有し、より密接な協力関係を目指します。

③協働のレベル
VMIが需要予測・在庫補充という業務レベルを対象としているのに対し、CPFRでは製品の企画や販売計画の立案といった戦略レベルまでも対象とします。

CPFRではVMIよりも情報共有と協力が重視される形態と言えますが、その反面、責任の範囲があいまいになる可能性が高まります。そのため、契約条件の厳密性がより求められます。

- サプライヤーと顧客が顧客の在庫状況や出荷状況を共有して、在庫補充する形態としてVMIやCPFRがある
- VMIやCPFRを成功させるためには、サプライヤーと顧客の信頼関係と情報共有が重要であり、契約条件は双方にとってメリットがあり互いに納得が得られるものでなければならない

第6章　在庫管理における課題と解決策

6-5 本社からは見えない店舗の冷蔵庫

店舗在庫データの収集と活用

「2-5項　今月の期間限定おすすめメニュー」では、期間限定の「季節のフルーツタルト」の販売に向け、外食チェーンF社の需給担当者の茶谷さんが、頭を抱えながら原材料の必要数を見積もっていました。ここで紹介するのは、その少し後のお話です。

例のフルーツタルトは口コミで話題になり、販売期間が延長になるほど大人気になりました。通常メニューでは使用されていないフルーツがふんだんに使用されていて、見た目の華やかさと特別感が、特に若年層の女性客にウケたようです。

F社では、各店舗で調理に使用される原材料を各仕入先から調達し、物流センターで保管しています。各店舗が本部に対して、原材料の発注をかけると、近くの物流センターから店舗へと原材料が輸送されます。本社勤務の茶谷さんは、その物流センターの在庫管理を担当しています。ここ数日、茶谷さんのもとに店舗からの原材料発注が頻繁にあり、彼はフルーツタルトの人気を実感していました。

フルーツタルトの販売期間が残り2週間となった頃、物流センターのフルーツ缶の在庫もだいぶ少なくなっていました。そこで茶谷さんは、仕入先へ追加発注をかけることにしました。

「これまでの出庫のペースを考えれば、あと2週間で必要なフルーツ缶の量はこんなもんだろう」

仕入先への発注から2日後、フルーツ缶が物流センターに届きました。物流センターの在庫データにも反映され、茶谷さんの方でもきちんと入庫を確認できました。これで残りのフルーツタルトの販売期間の需要をおおよそ賄えそうです。

「よし、予定通り。あとは店舗からの注文を待つだけだ」

ところが、その日もその翌日も、店舗からの発注はちらほらとしか飛んできません。想像していたよりも在庫が減るペースが遅く、茶谷さんは内心、焦り始めていました。

179

「フルーツタルトの人気がなくなってきたんだろうか。このペースだと、在庫過多になってしまう。もしかして、このまま販売期間が終了して、大量の廃棄を出してしまうのでは…」

しかし一転して、翌週になると、都内の大型店舗の店長から、フルーツ缶の大量注文の電話がかかってきました。一時は大量廃棄も覚悟した茶谷さんでしたが、これで一安心です。

なぜ急に、店舗からの発注が減ったり増えたりしたのでしょう。不思議に思った茶谷さんは、注文の電話をくれた店長に話を聞いてみました。

「季節のフルーツタルトはうちの店舗でもよく売れていますよ。これだけ話題の商品ですから。ただ、数日前にはまだ、冷蔵庫にも倉庫にもたくさん在庫が残っていたから、当面注文しなくて良いと判断していました。でも、やはり人気商品ですね。しばらくすると、だいぶ在庫が減ったので、今日は1週間ぶりに、どさっと注文させてもらいました」

いくら商品が売れていても、店舗に在庫が十分あれば、店舗側としては、まだ本部に発注する必要がありません。それに、毎日こまめに発注するよりも、ある程度まとめて発注する方が、効率も良さそうです。店舗側の視点で考えてみることで、商品の人気があっても、本部にすぐ原材料の発注がかかるとも限らないと、茶谷さんにも理解することができました。

さて、店舗が本部へ原材料の発注をするかしないかは、各店舗の冷蔵庫や倉庫の在庫状況次第で変わってしまう、ということが分かりました。しかし実際のところ、全国に多数存在する店舗の個別状況を、本部側で全て把握することは困難です。

 具体的な解決方法

先ほどの例で茶谷さんが気付いたように、**在庫は物流センターにだけ保管されているわけではありません。本社勤務の茶谷さんには直接確認できない、店舗側の在庫が存在する**のです。

直接確認できないのであれば、データの形で店舗在庫の情報を収集する他ありません。各店舗から在庫情報を集めるには、以下のような方法が考えられます。

◆ 日々、各店舗で在庫の棚卸を行う
◆ 定期的に、各店舗で在庫の棚卸を行う。現在庫を知りたい時は、POSデータ

などを活用し、現在庫を推定する

　毎日、在庫の棚卸ができるのであれば、それに越したことはありません。店舗側で、冷蔵庫や倉庫の在庫数を正確に数え、データとして記録していきます。そのデータをメールやシステムなどを介して本部に連携してもらえば、本部側で店舗在庫を把握することができます。

　しかし、棚卸にはそれなりの労力と時間が必要です。そのため、店舗にとって、そのコストに見合うようなメリットがなければ、なかなか棚卸の実施を促すことは難しいでしょう。その場合は、棚卸の頻度を数日〜1週間に1度程度のペースに引き下げるという手もあります。最新の正確な在庫情報は取れなくなりますが、**入庫情報やPOS情報、レシピ情報などを合わせて参照することで、現在庫数を推定する**ことはできるようになります。

　こうして店舗在庫の情報を取得できれば、物流センター側の在庫管理において、以下のような方法で店舗在庫を考慮することができます。
◆物流センターのPSI計画立案時に、店舗の在庫数を参照する
◆物流センターと店舗の在庫を合算してPSI計画を立案する
◆物流センターと店舗の多段階のPSI計画を立案する

　1点目は、店舗の在庫数を単なる参考情報として活用するだけですので、最も手軽な方法です。物流センターごとに、カバーする店舗の在庫合計値を参照するだけでも、今後どの程度の店舗発注がありそうかを推測するための有益な情報となります。

　2点目は、物流センターとその物流センターがカバーする店舗の「全体」を1つの拠点と考える方法です（**図6.10**）。物流センター自体が保有する在庫と、各店舗が保有する在庫の合計を、全体拠点の在庫と考えて計画を立てます。「5-3項　あっちの倉庫は在庫過剰、こっちの倉庫は在庫不足」でも触れたエシェロン在庫管理です。

　3点目は、店舗を物流センターの下位拠点と見なし、多段階のPSI計算を行う方法です（**図6.11**）。下位拠点である店舗側について先にPSI計算を行い、店舗のP（入庫）の合計がその上位拠点である物流センターのS（出庫）となるように、PSIの計画を立てます。これが最も厳密な方法ではありますが、店舗数の多

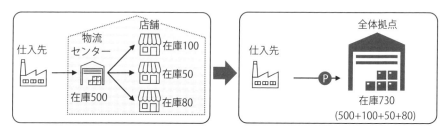

図6.10　物流センターと店舗の全体を1拠点と考えるPSI計画の立案イメージ

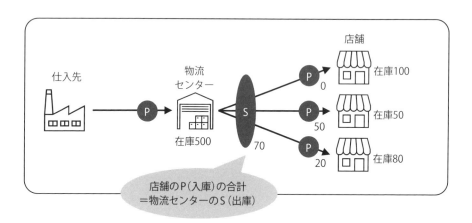

図6.11　多段階のPSI計画の立案イメージ

さを考えると、手動で実現するのは難しいかもしれません。

　以上のような方法で、店舗在庫情報を上手く活用することで、物流センターの在庫適正化が期待できます。本社からは店舗の在庫状況が見えないからと言って見て見ぬふりをするのではなく、見えるようにする工夫をしていくことが大切です。

さらなるステップアップを目指す手法

　ここでは外食チェーンを例に、倉庫（F社における物流センター）の在庫管理の際に、その出荷先（F社における店舗）の在庫を考慮することの必要性を述べ

第6章　在庫管理における課題と解決策

ました。外食チェーンだけでなく、小売チェーンでも同様ですし、他の業界でも似たような例があります。ここで紹介しておきましょう。

　まず、直営店を持つメーカーが挙げられます。直営店側に在庫が十分あれば、倉庫から出荷する必要がなくなるので、直営店側にどれくらい在庫が残っているのかは、倉庫の在庫管理をする上で重要な情報となります。

　また、店舗以外の場所にも隠れた在庫が存在するケースがあります。例えば車の中です。サイズが小さい製品や修理部品などの場合、営業マンや、修理を担当するサービスマンの車の中に在庫がある、といったことも考えられます。

　他にも、企業間でデータをやり取りするケースもあります。**とあるメーカーでは、顧客である代理店側から在庫データを受け取り、自社の在庫管理に活用しています。**顧客からデータをもらう代わりに、顧客に対して値引きを行うといったwin-winの関係を築いているそうです。

　サプライチェーンの最適化は、今や企業の壁を越えて取り組んでいくべき課題となっているのです。

> ☞**Point**
>
> ● 外食チェーンや小売チェーンの在庫管理では、倉庫在庫だけでなく店舗在庫についても考慮すべき
> ● 店舗在庫を日次で棚卸できない場合は、POSデータなどを活用して現在庫を推定する工夫が必要
> ● 自社店舗の在庫だけではなく、顧客の在庫情報を自社の在庫管理に活用する企業も存在する

183

6-6 在庫入れ替えにつき半額処分

売り減らしで過剰在庫を削減

　駅前にあるW社のドラッグストアは、品揃えが豊富で季節ごとの商品や話題の商品を買うことができる人気店です。多種類の商品を扱っているため、店内には所狭しと商品棚が並んでいます。

　店長は利用客が商品を手に取りやすいよう陳列に工夫を凝らし、商品が欠品しないよう在庫管理にも注意を払っています。特に季節商品は時期によって急に売れることがあるため、在庫不足にならないよう需要を見越して仕入先に発注しています。その一方で、季節の終わり頃になると売れ行きが鈍ってくるため、在庫を持ちすぎないようにしなくてはなりません。

　日々の店舗業務に忙しい店長ですが、このお店でもいよいよ来週、秋冬シーズンに向けて大規模な棚替えが行われるため、その準備を始めたようです。

　棚替えとは、ドラッグストアやスーパーマーケットなどの小売店で行われる業務の1つで、陳列棚の配置を変更したり、陳列する商品を入れ替えることです。棚替えは定期的に行われることが多く、季節に合った商品や新商品を陳列することで利用客の購買意欲を刺激し、売り上げ向上を図る重要な業務です。また、売れ行きの悪い商品を棚から撤去し、代わりに他の商品を置いたり、売れ行きの良い商品の陳列を拡大することにより、販売機会のロスを回避し、売り上げの改善を狙います。大規模な棚替えは多くの店舗では春と秋の年2回実施されます。

　陳列する商品を入れ替えるために棚から撤去する商品を「棚落ち品」と呼びます。リニューアル前の商品や次の季節では販売しない商品、終売品などが該当します。棚替えの時期に合わせて発売される新商品は多数あるので、棚落ち品の数はそれなりに多くなると考えられます。棚落ち予定商品の在庫消化が十分でない場合には、棚替えにより多くの商品で過剰在庫が発生してしまうことになります。

　店長は来週に控えた棚替えを前に、店舗の在庫状況を改めてチェックしていたのですが、ある夏物商品の在庫が多いことに気付きました。

「冷却グッズが余ってる。昨年と同じように発注したのにどうして？」

冷却シートや冷却ミストといった熱冷却用品の一部の在庫量が十分すぎるようなのです。今年の夏は昨年とあまり変わらない暑さが予想されていたこともあり、夏の定番とも言える冷却グッズも昨年と同じように発注していました。

しかし、売上が予測を上回って欠品が頻発した昨年とは違って、今年は予測に近い売上となっていました。このまま来週の棚替えを迎えると**棚落ち品の在庫が大量に発生**することは想像に難くありません。廃棄ロスの削減は本年度の重点方針としても掲げられており、メーカーへの返品も一部にとどまる見込みです。

「なんとかして在庫を減らさないと…」

店長の頭の中は棚替えスケジュールと在庫消化のことで一杯のようです。

翌日、ドラッグストアの入り口に近いワゴンには半額シールが貼られた大量の冷却グッズが並んでいました。

結局、このドラッグストアの店長は大量の在庫を値下げ販売しなくてはならない状況になってしまったようです。棚替えに向け、在庫を減らすために何かできることはなかったのでしょうか。ここで一度問題を整理してみましょう。

今回の例では、季節品の売れ行きが昨年と同様であるとみなして、発注も昨年と同様に行っていました。この時の在庫、入庫、販売実績および販売予測をグラフに示すと**図6.12**のようになります。在庫推移を見ると、在庫が余った状態で

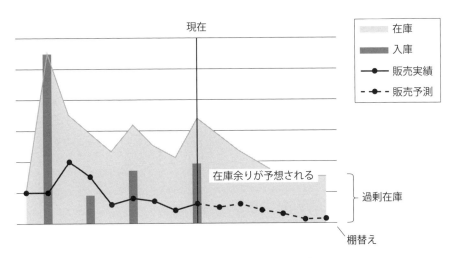

図6.12　売り減らし前の在庫推移

棚替えを迎えることが予想されます。棚替え前の発注数が多いせいか、棚替えのタイミングでも在庫を多く持ちすぎていること分かります。

具体的な解決方法

この問題を解決するためには、**棚替え時点で在庫が少なくなるように、段階的に発注数を減らす「売り減らし」**が有効です。この「売り減らし」という言葉ですが、ここでは自然消化によって在庫がなくなるよう発注数をコントロールする方法という意味で使用します。

棚替え予定日までの販売数を考慮して徐々に発注数を減らしていき、在庫を逓減させるのです。理想的には棚替え時点で在庫がゼロになることが望ましいのですが、現実的には在庫がゼロになることはほとんどないので、あくまで過剰在庫を減らすための方策の1つとして発注の際に考慮すべきことになります。

発注数を決める際、次回の納品日までにどれくらい売れるかが予測できれば、保持しておくべき在庫数が分かるため、そこから現在庫および発注残を差し引いた数を発注すれば良いことが分かります。しかし、どれくらい売れるか分からないので、実際に需要が上振れした時に欠品しないよう安全在庫分の数量を加味して発注します。従って、1回当たりの発注数は次の式1により求められます。

発注数＝次回納品日までの販売予測数－現在庫－発注残＋安全在庫 （式1）

この発注数には欠品を避けるための安全在庫が含まれていますが、棚替え直前の商品については、在庫が余れば棚替え後には過剰在庫になってしまいます。棚替えが予定されている商品に関して言えば、棚替え前に売り切れてしまっても問題はなく、むしろ在庫処分や廃棄の手間が少なくなるため都合が良いのです。

棚替え予定日における過剰在庫とは、予測が当たっていることを前提にすると、この安全在庫にあたる部分と言えます。安全在庫分の発注数を納品日の遅い発注予定から順に減らしていくことにより、過剰在庫を抑制できる売り減らしの計画とすることができます。売り減らし後の在庫推移を図6.13に示します。

さらなるステップアップを目指す手法

商品の発注単位が大きいモノは、売り減らしの計画を立てる際に発注数を細かく調整できないため、発注単位を小さくできないか検討すると良いでしょう。

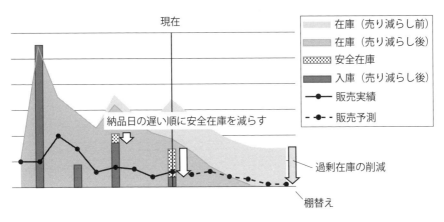

図6.13 売り減らし後の在庫推移

　在庫がすでに過剰気味になっているような商品については、事前に自動発注やEOS（Electronic Ordering System：電子発注システム）を停止するなどの対応もあわせて検討する必要があるでしょう。

　棚替えスケジュール上、在庫を適切に調整する日程的余裕がない場合は、棚替えスケジュールを後ろにずらすことも選択肢に含めても良いかもしれません。

　ただし、棚落ち予定の商品であっても、棚替えを実施するまでの間は欠品しない方が良いので、在庫の推移に注意しながら売り減らしを計画する必要があります。

　今回の事例では食品を扱いませんでしたが、食品ロスの削減はSDGsの目標にも掲げられています。棚替えの際には適切に在庫を減らし、タイミングを見計らって見切り販売を進めることで食品ロスの削減に繋げることが重要です。

　また、製造業においても同様の考えを導入することにより、余分な生産を抑制できると考えられます。例えば終売品や季節限定品などについて、供給の終了が近付くタイミングで生産計画に安全在庫を含めないようにすることです。生産計画を、終売する頃の需要に合わせて調整しておくと、作り過ぎによる廃棄を減らすことができます。

Point

- 小売店での棚替えにおいて、棚落ち品が過剰在庫となる可能性がある
- 棚替えスケジュールに合わせて売り減らしを行い、在庫を極力消化する

6-7 豊富すぎる品揃え

ABC分析で在庫管理を効率化

　大都市郊外にある大型のホームセンターは、広大な売り場面積に様々な商品が並んでおり、豊富な品揃えが売りのお店です。顧客満足度向上のため、店内に意見箱を設置し、新たに取り扱って欲しい商品の情報収集をしています。大型の電動作業工具から小さなネジ、ペット用品や食品をはじめ、最近はアウトドア用品やスポーツ・ホビー用品にも力を入れており、取扱商品数はどんどん増え続けています。

　ある日、店長の多杉さんはカスタマーセンター担当に呼び止められました。

　「最近、意見箱に、品揃えは良いけど売り切れが多すぎる、というクレームが目立っています」

　「全商品の在庫状況を確認して陳列するようにスタッフには伝えていますし、主力商品は私自身がチェックして、欠品しないようにしているんですが…。どんな商品で売り切れが多いんですか？」

　「主力商品よりも、普段あまり売れない商品で欠品が多いようですね。この状況が続くと顧客満足度の低下に繋がるので、早急に対応お願いします」

　翌日、多杉さんがスタッフ数人に訊ねてみたところ、取扱商品数が多すぎて在庫の確認や陳列に手間がかかって時間が足りず、全商品の管理をやり切れていないことが判明しました。その結果、陳列棚に商品が補充されない、普段あまり売れない商品が急に売れて欠品してもなかなか気付けない、という状況に陥っていました。

　また、売れ筋でない商品の在庫がなかなか減らず、長らくバックヤードに積まれたままになっているという問題も発覚しました。このホームセンターでは自動発注システムを導入しており、発注に関するシステムの設定値のメンテナンスは店長の業務の1つです。しかし、取扱商品数が増えるにつれて、多杉さんは似たような商品の設定値を同じ値にしてメンテナンス作業を端折っていました。その結果、あまり売れていないのに発注がかかり、在庫が余ってしまったようです。

　顧客満足度を上げるために取扱商品を増やしていった多杉さんですが、裏目に

第 6 章　在庫管理における課題と解決策

出てしまいました。どこに問題があったのでしょうか。

　今回の問題点は、膨大な数の商品に対して在庫管理業務が効率良く行えず、適切な在庫の維持や管理ができていないことです。主力商品については欠品しないように在庫管理ができているようですが、問題はそれ以外の商品です。全ての商品についてそれぞれ在庫状況を確認し、問題がないか1つ1つチェックしていくという管理手法のため、作業時間が足りず、結果として雑な在庫管理になっているのです。

　いかに効率良く在庫状況を確認し、調整できるかが顧客満足度を向上させるカギと言えます。

具体的な解決方法

　取扱商品数が多い場合、**効率の良い在庫管理方法としてABC分析が有効**です。ABC分析とは、在庫商品を重要度別にA・B・Cのランクに分け、それぞれのランクに応じて在庫水準や発注方法を変えることで適切に在庫管理を行う方法です。在庫商品の指標の中から重視する評価軸を選定し、重要度や優先度を決めることで効果的に管理できるようになります。指標としては、販売数、売上構成比、利益構成比、単価、在庫回転率などがあります。

　ABC分析は、80：20の法則としてよく知られているパレートの法則がもとになっています。80：20の法則とは「全体の数値の大部分は、全体を構成するうちの一部の要素が生み出している」という考えです。例として「売上の8割は、全商品銘柄のうちの2割で生み出している」といったものが挙げられます。

　売れ筋商品を売上別に重点管理する場合のABC分析の手順を説明します。まず、商品を売上額の降順に並べ、売上構成比および累積構成比を求めます。次に、累積構成比が80％までの商品をAランク、80〜90％の商品をBランク、90〜100％の商品をCランクというように分類します。売上を棒グラフ、累積構成比を折線グラフに表すことで商品の重要度が可視化され、重点的に管理すべき商品が一目で分かります（図6.14）。場合によって指標や累積構成比の区切り、データの集計期間を変更したり、特定のカテゴリーに絞り込んだりして分析を行うことで、効率的にチェックすべき商品を把握できるようになります。

189

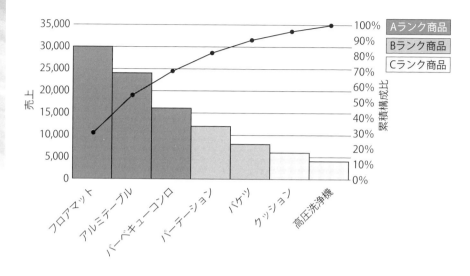

図6.14 売上別にABCランク分けしたパレート図

　ABC分析を行う際に注意すべき点として、期間限定品の扱いが挙げられます。特定の時期のみ販売するような商品は、分析期間によっては下位ランクに分類され、重点的に管理すべきであるにもかかわらず、対象から漏れてしまう可能性があります。そのため、在庫が不足しないようAランクとして分類する必要があります。

　また、新商品や見せ筋商品（その商品自体の販売ではなく、集客を目的として陳列される商品のこと）など、売り上げが低くても在庫がなくならないように発注すべき商品についても、Aランクとして扱うことに注意が必要です。

　ここまでは重点管理すべき商品を効率良く見つける方法について説明しましたが、重点管理対象でない下位ランクの多くの商品については、どのように対応すれば適切な在庫を維持できるでしょうか。個別に在庫状況を確認したり発注したりしなくて済むよう、あらかじめ定めたルールに従って発注することで業務負荷を抑えることができます。

　そこで発注点方式を採用することをお勧めします。発注点方式は、決められた在庫数（発注点）を下回ったら発注する不定期・定量の発注方法です。発注点は「1日の平均出荷量×入荷リードタイム＋安全在庫」の計算式で求めることがで

きます。下位ランクの商品について、単価が低いものや経年劣化しにくいものは発注点方式で発注するのが良いでしょう。

また、Cランクの商品や出荷頻度が少ない商品については、セルワンバイワン(Sell one Buy one)方式による発注を検討してみるのも良いでしょう。セルワンバイワン方式は、売れたモノを売れた数だけ発注するというシンプルな発注方式で、発注作業にかかる時間を短縮できるだけでなく、発注漏れによる欠品を少なくすることができます。

 さらなるステップアップを目指す手法

商品数が多い場合の在庫管理では、在庫基準などのシステム設定値の管理が大雑把になりがちです。例えば安全在庫の基準値は、販売動向に応じて商品ごとに適切な値を設定しなくては意味を成しません。しかし、商品数が膨大な場合、メンテナンスに手間がかかるため商品カテゴリーなどの大雑把な単位でまとめて設定してしまい、適切とは言えない設定値で運用することになるかもしれません。また、同様の理由で設定値の見直しがほとんど行われないことも考えられ、状況にそぐわない安全在庫基準で運用を続けることにもなります。

こうした不適切なシステム運用を防ぐために、例えばユーザーに**在庫の欠品や過剰を提示するアラート機能のような仕組みが効果的**です。アラート機能を使うことにより、問題が発生している商品のデータやシステム設定値をピンポイントで素早くチェックできるため、効率の良い在庫管理が可能となります。また、適正な在庫水準が維持できていない原因を分析し、在庫基準などの設定値を個別に見直すことができるようになります。

加えて、システムがアラート情報をユーザーに自動的に通知するようなプッシュ型の仕組みを構築しておくと、さらに効率的な在庫管理を実現できます。

- 小売店では様々な種類の商品を多数取り扱っており、商品数がとにかく多い
- ABC分析を活用し、商品に優先順位を付けて効率的な在庫管理を
- 在庫状況をアラートする機能があればより効率的な在庫管理ができる

6-8 面倒だけどやらないと いけない棚卸

棚卸を効率化するポイント

　夕暮れ時の商店街の外れ。この時間いつもならお客様で賑わっているはずのドラッグストアの店先では、店員が慌ただしく閉店作業をしています。普段より閉店時間が早いのは、今日が月末の棚卸を行う日だからです。閉店作業が終わり、店長が店員を集めました。

　「今から月末の棚卸を行います。いつもの手順に従って、2人1組でミスのないよう丁寧な作業をお願いいたします」

　店員たちはそれぞれの持ち場で棚卸作業に取り掛かりました。

　棚卸とは、店頭や倉庫で管理している商品の数や状態をチェックして、正確な在庫数を把握する業務です。在庫は会社の重要な資産であり、売上原価の把握や**適正在庫の維持には正確な在庫数の把握が不可欠**です。

　棚卸業務には、帳簿や在庫管理システムで管理している計算上の在庫数（理論在庫や帳簿在庫、伝票在庫とも呼ばれます）と実際の在庫数（実在庫）に差異がないかを確認する実地棚卸と、在庫管理している帳簿やシステムを使って日々の在庫数をチェックする帳簿棚卸があります。

　また、実地棚卸には一斉棚卸と循環棚卸という2つの方法があります。一斉棚卸は、棚卸以外の全ての作業を止めて在庫を一度にカウントする方法です。倉庫が大きい場合には何日かかけて実施することになります。一般的な棚卸のイメージはこの一斉棚卸になります。

　もう1つの循環棚卸は、在庫の場所や種類ごとに作業日を分けて順次棚卸を実施する方法です。棚卸を区画に分けて行うため、一斉棚卸と違って作業を止める必要はありません。

　理論在庫と実在庫が一致する場合は、問題なく在庫管理ができていることになりますが、不一致の場合は何らかの理由により棚卸差異が生じていることを意味します。理論在庫より実在庫が少ない場合、発注すべきタイミングが遅れて品切れを起こす可能性があります。逆に理論在庫より実在庫が多い場合は、在庫が十

192

分あるにもかかわらず発注してしまい、在庫を余分に持つことになってしまいます。適切な在庫管理を行うためには、棚卸差異が発生した原因を突き止めて対処する必要があります。

　棚卸在庫は期末の決算で必要な情報になるため、少なくとも1年に1回は行う必要があります。また、業種にもよりますが半期末に棚卸を実施したり、小売店など日々の在庫管理が重要な場合には毎月棚卸を実施したりすることもあります。

　このドラッグストアでは毎月棚卸を行うため、月末になると閉店時間を繰り上げて作業時間を確保しています。棚卸作業では棚卸差異の原因調査と対応に手間がかかり、作業が進まないということも珍しくありません。今回の棚卸でも、店員がとある栄養ドリンクについてシステム上の在庫と実際の在庫に差があることに気付きました。

　「この栄養ドリンク、在庫の数が合っていませんね。1箱をバラ売りにしてるんじゃないですかね」
　「確かにそうですね。それにバラ売りの方は在庫が多すぎますね」
　ペアを組んでいる店員が指摘しました。どうやら箱売りの栄養ドリンクをバラして単品販売した際に、在庫管理システムに入力し忘れてしまっていたため、在庫がずれたままになっていたのです。そこへある店員が、バラ売りしている栄養ドリンクの在庫数をシステムで確認し、在庫が減っていると思い発注したところ、実際には十分在庫があったため過剰在庫になってしまったということです。
　夜もすっかり更けた頃、ようやく月末の一大イベントが終わりました。毎月の**棚卸は適切な在庫管理のために欠かすことのできない重要な業務**ですが、やはり**時間と労力がかかりすぎる**ようです。何か良い解決策はあるのでしょうか。

 具体的な解決方法

　この店舗で発生した棚卸差異の原因を**表6.2**にまとめます。

　これらのうちNo.1～4は在庫管理上のミスにより発生するものと言えます。日常業務の中で在庫が適切に管理できていないところがあるようです。
　また、棚卸作業自体のミスとして以下のような例が挙げられます。

表6.2　棚卸差異の原因

No.	棚卸差異の原因	補足
1	在庫管理システムへの入力ミス	● 在庫管理システムへの入力漏れや間違った数値を入力した 例）返品、破損、廃棄、取り置き（購入を前提として在庫を確保すること）などが発生した際に、在庫管理システムへの入力を忘れた
2	納入時のミス	● 伝票の納品数と実際に納品された数が異なっていた
3	商品管理のミス	● 品出しの際に商品を破損した ● 陳列の整理が不十分なため商品を紛失した
4	棚卸作業時のミス	● 棚卸の際に商品のカウント漏れがあった
5	盗難	● 見通しの良くない売り場で万引きが発生した

◆ 在庫カウントのミス…商品のカウント漏れ、二重カウント、数え間違い

◆ 実在庫数の入力ミス…カウントした在庫数の入力漏れ、入力間違い

◆ 商品間違い…他の商品と見間違えてカウント

◆ 数字や記号の読み間違い…商品コードなどの見間違い

　これらは手入力や目視の際に発生するヒューマンエラーであるため、完全に防ぐことは困難です。しかし、こうしたミスは棚卸のやり直しに繋がるので、できるだけ発生させないよう注意が必要です。

　No.5に関しては、店内に防犯カメラが設置されていないなど、万引き防止対策が十分でない場合に発生すると考えられます。

　棚卸を効率良く行うためには、**日頃から理論在庫と実在庫の差異がほとんどないようにしておくことが大切**です。表6.2の棚卸差異の原因に対してそれぞれ解決策を示します。

● **在庫管理システムへの入力ミス**

　人的ミスを完全になくすことはできないので、問題が起きた場合には原因を明らかにし、作業手順の見直しなど再発防止策を検討します。そして、再発防止策を業務マニュアルに反映し、関係者に周知しましょう。

● **納入時のミス**

　納品の際に検品を行うことで防止できるミスです。伝票の納品数と実際の納品数に差異が発生した場合の対応方法も含め、作業手順を業務マニュアルにまとめ

ておきましょう。

● **商品管理のミス**

　品出しや陳列といった商品を扱う業務では、正確な作業を丁寧に行う必要があります。乱雑な陳列は商品の紛失にも繋がりますし、印象も良くありません。こちらも作業手順を適宜見直し、運用することが重要です。

● **棚卸作業時のミス**

　作業手順の標準化や棚卸差異発生時の対処方法について整備しておくと、単純ミスや個人の勝手な判断による間違いを防ぐことができるでしょう。

● **盗難**

　万引きなどの盗難は、見通しの良くない売り場で発生しがちです。また、広い店舗で店員の目が行き届かない場合も同様です。このような場合は、見通しの良いレイアウトにするなどの工夫や、防犯カメラを設置する、店内の巡回頻度を増やすなどの対策が有効です。店内の巡回ではお客様に声掛けをすることで防犯効果を高めることができます。

 さらなるステップアップを目指す手法

　棚卸の作業を効率良く行うためには、ハンディターミナルを活用して在庫カウントの手間を軽減する方法を検討しても良いでしょう。商品にバーコードやRFIDタグを付けておきハンディターミナルで読み取ることによって、目視やシステムへの手入力といった作業を削減し、在庫数を正確に素早く集計するといったことが可能となります。**人的作業を減らすことで作業負荷の軽減や作業時間の削減を図る**ことができます。

　また、IoTを活用すると、センサーを搭載した棚などから在庫状況をリアルタイムに把握できるようになります。こうした**在庫確認作業の自動化により、在庫管理や棚卸作業の効率化**が実現できます。

- 小売店での適切な発注には、正確な現在庫数の把握が不可欠
- 棚卸は年に1〜数回の重要な業務であるが、多大な時間と労力を要する
- 棚卸の効率化には、日頃の理論在庫と実在庫の誤差をなくした上で棚卸作業の省力化を図る必要がある

これが需給の現場の実態！？

リアルすぎる需給辞典

ざいこ【在庫】

　多くの人が当然あるものだと思っていて、ないと大騒ぎするにも関わらず、なぜか常に減らせと言われるもの。罪庫、財庫ともいう。

　例：年度末が近いので、**在庫**を削減するように。

　在庫がなく販売機会を逃がすことは、顧客満足度・売上の低下を招くため、極力避けなければなりません。そのためには在庫を十分に保有しておけば良いわけですが、キャッシュフローや保管コスト、在庫の陳腐化・品質劣化等の観点からは、極力少ない方が良いということになります。

　このバランスをとることが「在庫適正化」であり、需給業務の最大の目的と言えます。足りない時は「財」ですし、多すぎると「罪」というわけです。

　経営目標で「在庫増加」というのはあまり聞いたことがありません。欠品を防ごうとするとどうしても在庫過剰になってしまうのでしょうか。それとも、本当は増やすべき場合でもそれに気付かず「在庫削減」を掲げているのでしょうか。

　休みの日に家でゴロゴロしていると家族から迷惑がられますが、肝心な時に家にいないとそれはそれで文句を言われたりします。「在庫適正化」と「在宅適正化」は永遠の課題です。

ざいこひきあて【在庫引当】

　まだそこに在庫が存在するにも関わらずなきものとする行為。

　例：**在庫引当**エラーが発生しています。

　商品の注文を受けると、その注文の出荷に備えるために（他の注文の出荷に使われないように）在庫を確保します。これが在庫引当という処理で、受注から出

荷までの間、在庫は倉庫に存在するのですが、他の注文に引き当て可能な在庫（有効在庫）からは除外されます。出荷が今日や明日であれば特に問題ないのですが、難しいのは何日も先の受注（先付受注）です。

　例えば納期が2週間先の注文を引き当ててしまうと、その在庫は2週間ないのと同じこととなり（しかし倉庫の場所は占有している）、その間にそれより前の納期の注文が入ったとしても他に在庫がない限り受けることができません。

　「だったら出荷の直前（例えば前日）に在庫引当すれば良いのではないか」とも思うのですが、この場合2週間も前から発注してくれているお客様の注文を前日にお断りするという事態を招きかねません。在庫引当のタイミングと優先順は実は重要かつ難しい課題です。

　私の休日の予定は、多くの場合未引当のまま当日を迎え、家族の急な注文に応えられるようにしています。しかし、注文が入らず家でゴロゴロしていると、有効在庫のはずなのに、死蔵在庫のように思われているようです。

第 7 章

これからの需給
マネジメント

7-1 今後取り組んでいくべき課題①

持続可能なサプライチェーン

　持続可能なサプライチェーンとは、どのようなサプライチェーンでしょうか。企業や組織、個人によって定義は様々ですが、例えば、国連グローバルコンパクトでは、「製品とサービスのライフサイクル全体を通じての、環境、社会と経済の影響を管理することであり、良好なガバナンスの実行を奨励すること」と定義されています。

　また、持続可能なビジネスとサプライチェーンの構築を支援するNPO組織Sedexでは「あらゆる段階で環境的・社会的に持続可能な慣行を用いて、チェーン全体の人々と環境を保護するサプライチェーン」と定義されています。

　共通しているのは、**経済だけでなく、環境や社会の目標を考慮したサプライチェーンを目指す**ということです。環境の観点では、温室効果ガス（GHG：Greenhouse Gas）排出量の削減、資源の循環、土壌・水質・大気の保全など、社会の観点では、人権保護、労働環境整備、安全品質保全、災害への迅速な対応などが目標として考えられます（**図7.1**）。

　近年、持続可能なサプライチェーンを実現する必要性は、ますます高まってきています。2015年にSDGs（持続可能な開発目標）が国連総会で採択され、各国でも人権・環境保護に関する法規制が進みました。イギリスでは「現代奴隷法（2015年）」、フランスでは「企業注意義務法（2017年）」、オーストラリアでは「現代奴隷法（2019年）」、ドイツでは「サプライチェーン法（2023年）」などが施行され、日本でも2022年に経済産業省が「責任あるサプライチェーン等における人権尊重のためのガイドライン」を公表しました。日本のこのガイドラインにはまだ法的拘束力はありませんが、国際社会からの要請の高まりを踏まえると、日本企業においても人権・環境デューデリジェンス（注意義務）の実施は不可避でしょう。

　これら社会の流れとともに、投資家や消費者からの要求も高まっています。2006年に、国連が機関投資家に対し提唱したESG（環境・社会・ガバナンス）を

第7章 これからの需給マネジメント

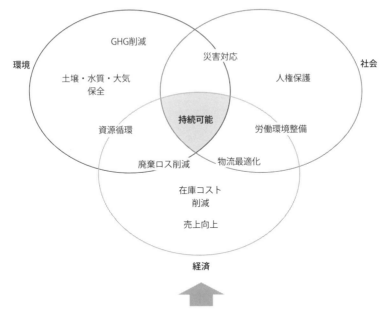

出典：Carter, C. R., & Rogers, D. S. (2008). A framework of sustainable supply chain management : moving toward new theory. International journal of physical distribution & logistics management, 38 (5), 360-387をもとに作成

図7.1　持続可能なサプライチェーン

　投資プロセスに組み入れる「責任投資原則」をきっかけに、ESG投資が広まり、投資家は企業のESGへの取り組みを投資判断の1つにするようになりました。

　消費者においても、サステナブルな消費行動を意識する人が増えてきています。「エシカル消費」というキーワードが注目されており、地域の活性化や雇用なども含む、人や社会、環境に配慮した消費行動が広がりを見せています。具体的には、開発途上国や障害者支援に繋がる商品を購入したり、地産地消を心がけたり、マイバックやマイボトルを利用したり、動物保護に配慮した商品を選んだりするなど、これまでの消費行動が見直されています。

　2020年に改定された学習指導要領においても、「持続可能」という言葉が多く登場しており、小学校の教科書にもSDGsについて記載されるようになりました。これからの消費を支える若者にとって、持続可能な商品やサプライチェーン

は当たり前のものとなっていくでしょう。これらの国際社会や市場の動向を踏まえると、企業にとって持続可能なサプライチェーン構築は重要なビジネス課題であると言えます。

　では、持続可能なサプライチェーンを実現するためにはどのような取り組みが必要になってくるでしょうか。冒頭の定義にあるように、持続可能なサプライチェーンとは非常に広い概念であり、その対象とする領域も多岐にわたります。1個人や1企業だけで取り組める内容ではありません。そもそも、**サプライチェーンには複数の企業が関わっており、様々な企業との協力は不可欠**です。サプライチェーンを構成する企業間はもちろん、第三者専門機関やNGOなどの国際組織などとの連携も重要です。例えば、Sedexでは、2022年から食品・飲料業界と化粧品・日用品業界でワーキングチームを結成し、業界共同で人権デューデリジェンスを推進する取り組みを始めています。このように、業界横断の取り組みを進めることも有効です。

　また、目的に応じたテクノロジーの活用も必須です。ITを活用したSCMシステムの構築をはじめ、効率的な情報収集や分析、意思決定のためのAIの活用、トレーサビリティ確保のためのブロックチェーン活用など、テクノロジーを有効に使いながら、取り組むべき課題に優先順位を付け、1つずつ解決していく他ありません。そして、それらの取り組みをしっかりと外部に発信していくことも重要です。消費者や投資家に自社の方針や取り組み内容、成果を伝えることで、ブランド価値が高まり、さらなる経済的成長へと繋がっていきます。

　企業のサプライチェーンは今、かつてないほど複雑で、困難な課題に直面しています。しかし、これをチャンスと捉え、今一度自社のサプライチェーンに目を向け、50年、100年と続くサプライチェーン構築を目指すべき時なのではないでしょうか。

Point

- 経済だけでなく、環境や社会の目標実現を目指す「持続可能なサプライチェーン」の重要性が高まっている
- 自社だけでなく、サプライチェーンを構成する企業間や他企業・組織との連携が重要

第7章 これからの需給マネジメント

7-2 今後取り組んでいくべき課題②

カーボンニュートラルとグリーンSCM

前項では持続可能なサプライチェーンについてお話しましたが、本項では、その中でも特に、環境の観点からサプライチェーンについて考えてみましょう。

カーボンニュートラルとサプライチェーン排出量

まずは、温室効果ガス（GHG）排出という環境問題に焦点を当ててみましょう。日本政府は、グリーン社会の実現に最大限注力し、**2050年までに温室効果ガスの排出を全体としてゼロにする、カーボンニュートラルを目指すことを宣言**しています（2020年10月）。それに伴い、日本の企業においても、カーボンニュートラルを宣言する企業が増えており、例えば、以下のような取り組みが行われています。

◆ 太陽光や風力などから生成される再生可能エネルギーの積極的使用
◆ 自動車や産業機械などの動力源を、化石燃料から電気や水素にシフトする電動化／水素化
◆ 工場や発電所から排出されたCO_2を回収し、貯留または有効利用するCO_2回収・貯留（CCUS：Carbon dioxide Capture, Utilization and Storage）

環境問題への取り組みを企業の社会的責任（CSR：Corporate Social Responsibility）として挙げる企業も多く、SCMにおいてもカーボンニュートラルを目指していく必要があります。**カーボンニュートラルに関する取り組みの中で、SCMの観点からは、サプライチェーン排出量が着目されています。**

サプライチェーン排出量は、原材料調達、製造、物流、販売、廃棄などの一連の活動全体から発生する温室効果ガス排出量のことです。国際的なGHGのガイドラインであるGHGプロトコルにもとづき、サプライチェーン排出量はScope1、Scope2、Scope3の3つに分類され、Scope3はさらに15のカテゴリに分類されます（**図7.2**）。

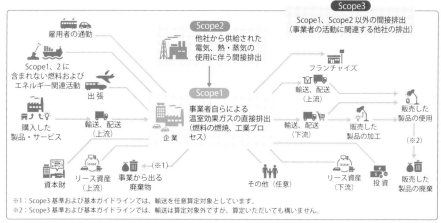

出典：環境省「サプライチェーン排出量算定の考え方」をもとに作成（https://www.env.go.jp/earth/ondanka/supply_chain/gvc/files/tools/supply_chain_201711_all.pdf）

図7.2　サプライチェーン排出量におけるScope 1、Scope 2およびScope 3

◆Scope1：事業者自らによる温室効果ガスの直接排出
◆Scope2：他社から供給された電気、熱、蒸気の使用に伴う間接排出
◆Scope3：Scope1、Scope2以外の間接排出（関連他社からの排出）

サプライチェーン排出量を算定・可視化することが非常に重要です。サプライチェーン排出量を可視化することで、優先的に削減すべき対象の選定や目標設定ができます。また、ビジネスにおいてもサプライチェーン排出量の開示は有効です。例えば、CSR報告書でサプライチェーン排出量を公開することで、自社の環境活動について理解を深めてもらい、クリーンな企業として取引相手に選ばれるようになる可能性もあります。

また、昨今は**自社からの排出であるScope1、Scope2だけでなく、関連他社からの排出であるScope3までを算定する動きも広がっています**。2023年10月には、カリフォルニア州で気候企業データ説明責任法が採択され、その中で一部の企業は、Scope1からScope3までのサプライチェーン排出量を開示することが今後義務付けられる見込みです。

グリーンSCM

ここまでは、GHG排出やサプライチェーン排出量に焦点を当てていました

が、大気や水質の汚染問題や産業廃棄物問題など、他にも環境問題が存在し、こうした問題にも取り組まなければなりません。**サプライチェーン全体にわたって環境への影響を考慮し、経済効率と環境負荷軽減の両立を目指す取り組みをグリーンSCM**と言います。グリーンSCMに取り組むことで、サプライチェーン排出量削減、汚染問題への対応、廃棄物循環社会への貢献に繋がります。

では、グリーンSCMでは、具体的にどのような活動が行われているのでしょうか。以下では、グリーンSCMとして行われる主な取り組みを5つ紹介します。

①グリーン調達

環境負荷の少ない製品やサービスを調達することです。また、環境配慮に取り組んでいる企業を取引相手（仕入先）に選ぶこともグリーン調達に該当します。

②エコデザイン

製品のプロダクトライフサイクル全体での環境への負荷や安全性を考慮して製品設計を行うことです。例えば、自動車の設計時に環境に優しい素材を利用することがエコデザインの一例です。

③グリーンオペレーション

サプライチェーンの一連の流れの中で行われる、自然環境に優しい取り組みのことを指します。例えば、製品をトラックで輸送する場合、トラック1台の積載率を高めてトラックの利用台数を減らすことで、排出ガスを削減することがグリーンオペレーションに含まれます。

④グリーン製造

環境への負荷を少なくする製造方法を指します。例えば、工場でエネルギー効率の良い設備を導入し、エネルギー消費量を低減させる取り組みなどが行われています。

⑤ウェイストマネジメント

廃棄物の収集、処理、再利用などを環境に負荷をかけずに管理することです。身近な例では、3R（リデュース、リユース、リサイクル）活動などがあります。

グリーンSCMは、サプライチェーン全体での環境に配慮した取り組みを表すため、以上のように様々な活動が行われています。現行のSCM全体をグリーンSCMに一気に改善するのは難しいかもしれません。**まずは自社のサプライチェーンをグリーンSCMの観点から見直し、サプライチェーン排出量などの指標を算定することが、グリーンSCMへの第一歩になるでしょう。**

- カーボンニュートラル宣言後、サプライチェーン排出量の算定や開示に関する動きが広がっている
- サプライチェーン排出量などの指標を算定することがグリーンSCMへの第一歩である

第7章　これからの需給マネジメント

7-3 今後取り組んでいくべき課題③

急速に変化する現在の市場

　近年、消費者のライフスタイルや趣味などの多様化に伴い、消費者が求めるものも多様化しています。ライフスタイルにおいては、ヴィーガン、フレキシタリアン、エシカルなど、様々な言葉を耳にします。趣味においてもキャンプ、推し活、サウナなど多岐にわたります。また、流行も短期間で変化しています。スイーツを例に挙げると、タピオカドリンク、バスクチーズケーキ、かき氷、マリトッツォなど、ここ最近で様々なものが流行しました。ファッションやスイーツなどは特にトレンドの変化が顕著だと感じます。

　また、グローバル化の影響により、世界中のあらゆるものが簡単に手にできるようになりました。消費者にとっては選択肢が増えるので喜ばしい半面、企業にとっては競合他社が増えるので大変です。さらに、グローバル化によって国際情勢や為替の影響を受けやすくなりました。

　さらに、検索エンジンやソーシャルメディアといったオンラインプラットフォームの普及により、消費者は商品・サービスに関する情報をより多く、簡単に得られるようになりました。情報の発信も簡単にできるようになり、誰もが「インフルエンサー」となり得る時代になりました。同様に、企業も消費者の反応や意見を把握しやすくなりました。

　これらの要因によって、多種多様な商品が市場に出回るようになりました。新商品が高頻度で市場に投入され、定番品（流行に左右されず安定した需要を持つ商品）とは別に、企画品や限定品（販売の数量や期間が限られた商品）も増えてきています。例えば、季節限定や地域限定、アイドルやキャラクターとのコラボ商品、味やパッケージに変更を加えたものなどが挙げられます。さらに、乳児や高齢者向けに提供されていたり、原料の産地や成分にこだわっていたりするものもあります。

　多くの商品が市場に投入されることで、多品種少量生産が加速しています。その結果、**商品が市場に導入されてから衰退するまでの期間（製品ライフサイク**

207

ル）が短くなってきています。つまり、現在の市場は急速に変化しているのです。

このように、市場が急速に変化することで、需給業務やSCMの観点で企業にはどのような影響があるのでしょうか。

1つ目は原材料調達への影響です。国際情勢や為替の影響などにより原材料調達が困難になる可能性があります。調達が途切れてしまわないよう、複数の発注先を確保する必要があります（発注先が複数ある場合のポイントは「4-3項　複数社からの仕入れは大変！」参照）。

2つ目は在庫への影響です。多品種少量生産になることで、品種ごとに需要のバラツキが大きくなり、バラツキを吸収するために多めに在庫を持つ必要があります。そのため、少品種多量と比較して在庫の総量が相対的に増えることが考えられます。

3つ目は生産計画への影響です。品種数の増加により段取り替えの回数が増え、生産計画の立案が複雑化します。また、新商品を生産するために、生産キャパシティーを考慮して、定番品の生産タイミングを調整する必要性も生じます。

4つ目は需要予測への影響です。新商品の需要予測は非常に難しいことが知られています（「2-1項　新商品の需要予測は職人技？」参照）。さらに、新商品の導入によって、新商品の需要予測だけではなく、定番品の需要予測も困難になります。新商品を導入すると、定番品の売り上げが減少することがよくあります（カニバリゼーションと呼ばれます）。そのため、新商品導入の影響を考慮しつつ、定番品の需要予測を行う必要があります。

難しさはそれだけではありません。自社のみでなく、競合他社も新商品を導入することも忘れてはいけません。仮にカニバリゼーションを正確に考慮できたとしても、競合他社の新商品によって立案した計画・予測が一気に崩れてしまう可能性があります。そのため、計画と実績に大きな乖離がないか監視→乖離がある場合は計画を修正→今後に向けて改善策を考える、というようにPDCAサイクルをこまめに回す必要があります（需給マネジメントにおけるPDCAに関しては「1-2項　需給マネジメントとは」参照）。

このように、**市場の急速な変化により、需給業務の難易度や作業負荷が上がり**ます。また、こまめにPDCAサイクルを回して、計画を修正していくマネジメントの必要性が増しています。

需給業務の難易度や作業負荷が上がることへの対策として、どのようなことが考えられるでしょうか。

1つ目の**対策として、需給業務支援システムの導入**が考えられます。例えば、需要予測機能や発注量計算機能、適正な在庫量の自動計算機能によって販売・発注計画立案・在庫管理の省力化・難易度低減が見込めます。生産計画の段取り替えの考慮については、生産スケジューラーの導入によって負荷軽減が見込めます。

2つ目の**対策として、品目数を絞る**という手もあります。大手食品メーカーのキユーピーでは、新商品数を2015年の45品から2016年には17品に削減しました[1]。新商品の導入には、販売促進費や広告宣伝費といった巨額のコストがかかります。新商品を導入しても、大半が短期間（半年以内）に陳列棚から姿を消してしまうため、コスト削減のために品目数を絞ったようです。

品目数を絞るには、例えば同じ内容で量が異なる品目を減らすといった方法があります。品目数の削減は、需給業務の難易度や作業負荷が上がることへの対策だけでなく、コスト削減という観点でも有効な策であると考えます。

品目数を絞り定番品の販売に注力する場合、定番品の販売を拡大する方法としてリニューアルがあります。ヒット商品やロングセラー商品をリニューアルすることで消費者に再認識してもらい、新しい顧客や一度離れてしまった顧客層をもう一度掘り起こす機会も生まれます。消費者がブランドに抱いている安心感や懐かしさにプラスして、目新しさも加えることができます。

(1) DIAMOND ONLINE：（閲覧日：2024/9/12）https://diamond.jp/articles/-/87410

- ニーズの多様化・グローバル化・SNSの普及により、多品種少量生産が加速し、さらに製品ライフサイクルが短くなるなど、市場が急速に変化している
- 市場が急速に変化することによって、需給業務の難易度・作業負荷が上がっている
- 需給業務支援システムの導入や、品目数の削減などの検討も必要

7-4

今後取り組んでいくべき課題④

人口減少社会におけるリソース不足

　最近、人口減少社会というキーワードをよく聞くようになりました。日本の人口は2008年頃をピークに減少に転じており、高齢者の割合が増え、労働力人口の割合が減っています。つまり人口減少社会になることで、企業が保有している資源（＝リソース）の1つである労働力が不足してしまいます。そのため、企業は人口減少によって引き起こされる様々な問題に対応する必要があるでしょう。

　もちろんSCMについても例外ではありません。人口減少社会の影響による起こりうる問題として、「労働力不足」、それに伴う「コストの増加」、そして別の観点から「需要の変化」が挙げられます。

　1つ目の労働力不足について、物流業界では、サービス品質の低下が生じる恐れがあります。ドライバーが不足することで、例えば送り主が依頼する荷物を受けきれない、または配送日数がかかるようになります。そのため、送り主側がこれまで付加価値としていた、即日配達のようなサービス自体が難しくなることも想定されます。製造業においても、生産拠点での労働力不足から生産ラインを維持できなくなり、利益が出ているのにも関わらず、人手が足りなくなった結果、倒産するケースもあります。

　2つ目はコストの増加です。労働力不足により、企業は労働者を確保するために賃金を引き上げる必要があり、人件費が上昇します。また、需要が減少することで、サプライヤーの数も減少するため、サプライヤー間の競争がなくなり、商品・サービスの価格が上昇する可能性があります。

　3つ目の需要の変化も人口減少によって引き起こされるでしょう。**人口が減ることで多くの商品やサービスの需要が減少する**ことになります。また、需要量の減少だけでなく、商品やサービスそのものが不要になり、その代わりとなるものが出現するといった**ニーズの変化**なども考えなければなりません。

　これらの問題に対して、企業は対策や戦略を考える必要があるでしょう。労働力不足への対策としては、時短勤務などのフルタイム以外のワークスタイルを導

入することで、フルタイムで働けない人材も確保するといった**働き方改革の推進や、外国人労働者の雇用など柔軟な雇用形態の導入**が挙げられます。また**社内での従業員への教育やスキルアップを促進**することは、離職率の低下や労働力の維持に効果的です。

　労働力が減少しても生産力を維持するために、**生産性の向上やコストの削減策の導入も重要**となります。例えば、**サプライチェーンの最適化・デジタル化やデジタルトランスフォーメーション（DX）による業務の効率化が必要**です。

　では各企業では人口減少に対して、どういった取り組みがされているのでしょうか。ユニクロを運営するファーストリテイリング、佐川急便を傘下に持つSGホールディングスの事例を紹介します。

　ファーストリテイリングでは、どの製品が、いつ作り終わり、いつ、いくつの製品が倉庫から店舗に届けられ、店舗にはいくつ在庫があるのかを完全に把握できていないという課題がありました[1]。さらに、今までは在庫数を把握するために、生産拠点や在庫拠点、店舗で人が確認する必要がありコストがかかっていました。

　これを解決するために、生産段階からRFIDタグを全ての製品に付けることで、どこにどれだけの製品があるのかを、瞬時に正しく把握することができるようになりました。さらにRFIDタグを導入したことで確認する作業がなくなり、少ない人数で対応可能となりました。また、物流システムだけでなく、RFIDタグを活用して無人レジを導入することで店舗業務の効率化、人員削減も実現しています。このようにファーストリテイリングでは、目指すべきサプライチェーンの方向性を「無駄なものをつくらない・運ばない・売らない」と定め、その理念にもとづいてサプライチェーンを構築しています。

　SGホールディングスグループの企業では、物流拠点での労働力の減少から生産性向上を目指していましたが、繁閑差が大きいことで大掛かりな自動仕分け機械を導入してもコストの割にはかえって非効率となるので、人による仕分け作業がメインでした[2]。

　しかし、処理能力の調整や従来の機械と比べて省スペース化が可能な仕分け業務ロボットを導入することで、無人で物品の搬送を実現しています。これにより、仕分け作業にかかる人員を27％も削減できているそうです。そうして同作業の人員を負荷が大きい作業に振り替えることで、物流倉庫全体の作業時間の短

211

縮に繋がり、結果的に労働力不足に対応することができています。

　このようにサプライチェーンの最適化やDXの推進を実施することで、人口減少社会によって引き起こされる問題に対応できる場合があります。今後もさらに労働力不足やコストの増加が起きるおそれがあるため、将来を見越して、企業に合った具体的な対策を立てていくことが必要となってくるでしょう。

（1）株式会社ファーストリテイリング：（閲覧日：2024/9/13）
　　　https://www.fastretailing.com/jp/sustainability/news/2311071510.html
（2）SGホールディングス株式会社：（閲覧日：2024/9/13）
　　　https://www.sg-hldgs.co.jp/newsrelease/2021/0804_4806.html

Point

- 人口減少による需要量やニーズの変化への対応が必要
- 労働力不足への対策として、働き方改革の推進や、従業員のスキルアップ促進が有効
- 生産性向上とコスト削減策として、サプライチェーンの最適化・デジタル化、ロボットや自動化システムの導入の検討が必要

第7章 これからの需給マネジメント

7-5 今後取り組んでいくべき課題⑤

SCM人材育成

　新入社員が配属先として希望する部門には、研究開発、商品企画、広報、営業などが挙がることがありますが、SCM部門の名前が挙がることは全くと言って良いほどありません。また、SCM部門の仕事は製造部門と営業部門の間の調整役といった色合いが強く、脇役感が否めません。しかし、競争と変化が激しい現代の経営環境においては、SCMの競争力が企業の生き残りに直結する重要な要素となっており、SCM部門の強化とそのもととなる**SCM人材の育成は企業経営にとって最重要課題**の1つと言えます。

　SCM人材には以下のような能力が求められます。

● 全体最適の視点

　最も必要とされる能力は、サプライチェーン全体を見渡し、調達から生産、物流、販売までのプロセス全体を最適化する能力です。自身の業務がサプライチェーン全体に与える影響を把握し、自部門の利益よりも自社全体、さらには仕入先や顧客も含めたサプライチェーン全体の利益を優先する意識を持つことが求められます。

● 個別機能の業務知識

　SCMの各機能に関する業務知識が求められます。調達、生産、物流、販売など、個別機能における専門知識を持つことが重要です。

● 調整能力

　SCMでは企業間や部門間で利害の対立が発生することがあります。これらの対立を調整し解消する能力が求められます。関係部門とのコミュニケーションを円滑に行い、全体最適の視点をもとに対立解消案を提示する能力が必要です。

● 問題解決技術

　SCMでは複雑な課題を解決するため、AI、予測モデル、数理最適化、在庫理論、統計などの問題解決技術が必要となる場合があります。データを活用し、効率的な意思決定を行う能力が求められます。

213

● IT および DX スキル

SCM においては情報共有が重要です。そのため、IT に関する知識が欠かせません。さらには、IT を活用して DX を推進し、より高度な問題解決を遂行する能力が求められます。

● リスク管理の知識

SCM は様々なリスクにさらされます。サプライヤーの倒産や天候の変動、災害など、予測困難なリスクに対応するためには、リスク管理の知識も必要です。

SCM 人材を育成するための方法・留意点

SCM 人材を育成するための方法・留意点を以下に挙げます。**SCM 人材育成に近道はなく、これらの活動を組織として体系的かつ継続的に実施していくしかありません。**

● 一般的な SCM 基礎知識の教育

SCM の基本的な概念や手法、ツールなどを学ぶための一般的な SCM 基礎知識を習得できる社内研修プログラムを準備しましょう。社内での実施が困難であれば、外部セミナーの活用や外部講師の招聘も選択肢の1つです。

● 自社の SCM 教育

自社の SCM 戦略や用語、標準業務プロセス、利用アプリケーションなどを社内で教育することで、社員の SCM への関心を高めることができます。そのためには、SCM 戦略の策定、用語の統一、業務やアプリケーションの標準化が前提となります。各部門の社員が共通の知識・認識を持つことで、コミュニケーションの円滑化や部門間の対立解消、部門間異動時のスムーズな引き継ぎに寄与します。

● OJT（On-the-Job Training）

SCM 人材の育成には実践的な経験が最も重要です。業務経験を通じて、教科書では学ぶことができない知識やスキルを磨くことができます。全体最適の視点や個別機能の業務知識習得には、複数の SCM 関連部門の業務を経験することが効果的です。

● プロジェクトへの参加

複数部門にまたがるプロジェクト（例：SCM 戦略策定プロジェクト、SCM 業務標準化プロジェクト、SCM システム導入プロジェクトなど）に参加することで、組織全体の視点を養いながら SCM の実践力を身につけることができます。

プロジェクトに積極的に関与することで、他部門のメンバーとの協力や問題解決能力を鍛えることができます。

● **継続的な学習機会の提供**

SCMは常に進化しています。定期的な研修や勉強会、外部セミナーへの参加、他社SCM部門との情報交換会などを通じて、最新のトレンドやベストプラクティスを学ぶことが重要です。

● **経営層の関与**

SCM人材育成においては、経営層の関与が重要です。経営層はSCMの重要性を認識し、SCM人材育成を積極的に支援することが求められます。

● **モチベーションの向上**

SCM人材のモチベーションを向上させることも重要です。報酬やキャリアパスの整備、業績に応じたインセンティブ制度の導入など、SCM人材が自身の成果に対して適切な評価と報酬を受けることができる環境を整えることが必要です。そのためにはSCM人材を高度な専門職として位置付けることが重要です。

欧米では、CFO（Chief Financial Officer）やCIO（Chief Information Officer）と並んでCSCO（Chief Supply Chain Officer）を置く企業が一般的になりました。日本企業においても少しずつ増えています。経営におけるSCMの重要性の理解が進んでいる証拠と言えます。近い将来、多くの就活生の希望職種欄に「SCM担当」という文字が並ぶ日が来ることを願っています。

- SCM人材の育成は企業の生き残りに直結する最重要課題の1つ
- SCM人材に最も必要な能力は全体最適の視点で考える能力
- SCM人材育成に近道はなく、SCM教育、OJT、プロジェクトへの参加などを体系的かつ継続的に実施していくしかない

7-6

SCM課題の解決に有用な新技術①

AIを活用した計画精度向上

「AI（人工知能）」という言葉を一度は耳にしたことがあるかと思います。一度どころか「生成AI」というワードが爆発的に広がり、昨今ではAI関連の話題を聞かない日がないほどになってきました。「AI」という言葉は様々な文脈で使われるため、意味や中身はその時々で変わってきますが、SCMの分野ではどういった使い方がされているのでしょうか。需要予測の分野でAIという言葉がよく使われますが、ここでいうAIは「機械学習」や「深層学習」を指していることが多いです。

「AI」「機械学習」「深層学習」は包含関係にあります（**図7.3**）。人工知能学会によると、AIは「知的な機械、特に、知的なコンピュータプログラムを作る科学と技術」であると、概念的な広い定義がなされています。

一方、機械学習はAIに関わる分析技術の1つであり、膨大なデータからルールやパターンを学習する技術を指します。学習力のあるAI技術が機械学習と言えるのではないでしょうか。

また、深層学習とは、機械学習を実行するアルゴリズムの一種で、これまでのアルゴリズムとの違いは特徴量の抽出を自動的に行える点です。需要予測で言えば、売上を予測したい場合、天気や気温などが特徴量に該当し、売上に関係する情報として自動抽出する処理に該当します。これまでは、天気や気温などは売上に影響する指標であると機械に指示しなければいけませんでしたが、深層学習では機械に指示するのではなく機械が独自で判断してくれます。

AIの長所は大量のデータから、そのデータ間の複雑な関係をモデル化できるところにあります。需要予測では、商品特性や拠点情報、気象情報やイベントといった需要に影響を与える様々な要因のデータを大量に学習し、需要との関係をモデル化できるため、従来の統計モデルよりも表現力が高い予測モデルができあがります。そのため、需要予測の分野でもAIの活用が注目されてきました。

世の中にも様々なAIツールが登場し、それらを活用して予測精度が向上した、という事例が多く出てくるようになりました。それでは、AIを使えば簡単

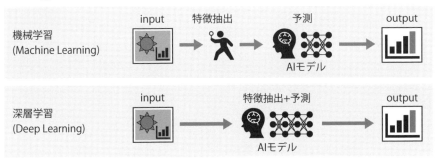

図7.3 「AI（人工知能）」「機械学習」「深層学習」の関係

に予測精度向上を図れるのでしょうか。

　答えは「NO」です。AIはあくまで道具です。万能な調理器具を手に入れたからと言って、それだけで美味しい料理が作れるわけではありません。材料（データ）選びから、下ごしらえ（データ加工）、様々な器具を使った調理（モデリング）、味見（検証）を繰り返しながら理想の味（高精度な予測結果）へと近付けていくことが必要です。この時、材料が目的に沿ったものでなければ、全く見当違いの料理ができあがってしまいますし、下ごしらえをしっかりしておくことが味の決め手になります。これらを1つ1つ丁寧に実行していくことで、精度向上を実現できる可能性が高まります。AIを活用した予測精度向上のために必要なことを以下にまとめます。

①データ収集

　予測精度向上のために、まず必要なことは、**需要に影響を与え得るデータを収集する**ことです。これまで、人が需要予測する上で参考にしていたデータを洗い出し、集めてきます。社内には有用な情報が多く存在していますが、そもそもデータ化されていなかったり、部門間で共有されていなかったりするため、データの整備・共有から始めなければならないこともあるでしょう。社内にデータが

ない場合は、オープンデータを活用する手もあります。

また、サプライチェーン上の他企業の情報は、オープンデータの何倍も有用な情報です。提供してもらえるわけがない、と諦めるのではなく、情報共有により得られるメリットを提供企業に還元できないかなど、新たな企業間連携を模索してみるのも良いでしょう。

②データ加工

最も重要で難しいのが、**AIに入力するためのデータを加工する**ことです。集めてきたデータが、最初からAIに入力するのに適した形になっているわけではありません。いわゆる**特徴量エンジニアリング**と呼ばれる作業で、欠損値処理や異常値処理といった基本的な加工から、集めてきたデータをAIが理解しやすい形に変換する処理などが挙げられます。

例えば、イベントの影響を受ける商品に対しては、どうやってそのイベント情報を与えるかを考える必要があります。イベントの「有り無し」というフラグで良いのか、イベント開始日からの経過日数が効くのかなど、需要との関係を分析し、決定していきます。

また、気温が高いと売れる商品があったとして、夏の25℃と秋の25℃では同じように売れるのでしょうか。単に日々の気温のデータを与えれば良いというわけではなく、その時々の平均気温や直近の気温との差など変換した値を与えた方が上手く学習してくれるでしょう（**図7.4**）。

このようにして作成したデータの良し悪しが需要予測の精度の良し悪しに直結します。深層学習により特徴量抽出が自動化できるようになったといっても、それは非常に大量のデータを学習できる場合に限った話です。学習のために短期間に大量の新商品を発売する、イベントの効果を検証するために毎日イベントを実施する、などは現実的ではありません。需要予測に関していうと、まだまだ特徴量エンジニアリングの重要性は高いと言えるでしょう。

③予測モデル構築・評価

作成したデータをもとに予測モデルの構築・評価を行う必要があります。学習データとは別に、評価用のデータを用意し、そのデータを予測した際の精度を評価することで、モデルの良し悪しを判断します。

最初から精度の高い予測モデルができることは少ないです。誤差の要因を分析することで、足りない情報がないか、偏った情報で学習（過学習）されてしまっていないかを確認し、データの収集や加工に戻って、予測モデルを再構築します。

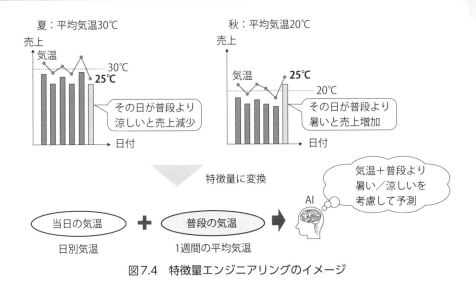

図7.4　特徴量エンジニアリングのイメージ

使用するアルゴリズムに応じた、パラメータチューニングを行う必要もあるでしょう。これらの作業を何度も繰り返すことで、予測精度を高めていきます。

このように、AIにより需要予測の精度を向上するためには、それなりのスキルと時間が必要となります。また、仮に精度の高い予測モデルができあがったとしても、あくまでもそれは評価した時点での精度です。運用していく中で、予測精度が低下していくこともあるでしょう。なぜなら、学習したデータはどんどん過去の情報になっていきますし、市場は日々変化していっているからです。

最初に精度の高い予測モデルを構築し、その後の予測はAIに任せっきりというわけにはいきません。予測精度が低下してきたことを検知し、再学習したりするなど、予測モデルを継続的に改善できる仕組みを構築しておく必要があります。そのために、少ない負荷とコストでデータを収集・管理できるシステムの構築やAIを再学習・評価できる環境の構築、これらを主導できる人材の育成などを進めることが重要となります。

一方で、AI活用の効果は予測精度向上だけにあるわけではありません。前述した通り、AIは**大量のデータと需要との関係を、スピーディーに、定量的に分析できる**ことが長所です。どういった要因が自社の需要に影響を与えているのかを**AIを使って素早く客観的に把握する**ことで、マーケティング施策検討にも役

立ちます。

　昨今のAIの進歩は目覚ましく、生成AIもいずれSCMの領域で活用されていくことになるでしょう。自然言語を介して対話ができ、新たな示唆も提示してくれる生成AIは、需要とその影響要因との関係理解をさらに容易にし、意思決定支援に役立てられるかもしれません。人とAIが協調していくことで、継続的に「需給マネジメント」の精度を向上させていくことが今後のAI活用の目指すべき姿と言えるでしょう。

- AIを活用し予測精度を高めるためには、様々なデータの収集と特徴量エンジニアリングが重要
- 大量のデータをスピーディーに分析できる特徴を活かし、素早いマーケティング施策実行への活用も期待できる
- 今後のさらなるAI技術の進歩にも要注目

第 7 章　これからの需給マネジメント

7-7 SCM課題の解決に有用な新技術②

リアルタイムデータを活用したスピーディーな対応

　イベント発生時に即時にデータ化・収集され、すぐさま活用できるデータをリアルタイムデータと言います。例えば、センサーデータ、交通状況データ、気象データなどがリアルタイムデータとして挙げられます。では、リアルタイムデータを活用すると、どのようなことができるでしょうか。ここではまず、回転寿司チェーン・スシローでのリアルタイムデータの活用事例を見てみましょう[1]。

　少し前のことになりますが、スシローでは需要予測にリアルタイムデータを活用し、どのネタをレーンに流すかコントロールしていました。入店受付時に来客データを収集し、さらにどのテーブルに何時に着席したのかを取得します。そこから、店内人数や滞在時間、および過去の統計データをもとに、お客様が求めるネタを予測し、レーンに流すネタを決めていたのです。

　こうした店内状況データを活用した需要予測を行った結果、予測精度が向上し、不必要にレーンにネタを流すことが減り、廃棄ロスの削減に繋がりました。また、お客様が求めるネタをレーンに流すことで、食べたいネタをすぐさま手に取ることができるので、顧客満足度の向上にも繋がったと思われます。

　上記のスシローの事例をSCMに置き換えて考えてみると、**図7.5**のようになります。

　回転寿司の例では、店内状況（リアルタイムデータ）を需要予測に活用して、すぐさま調理（生産）を行い、レーンに人気のネタを流し（在庫を構え）ました。そうすることで、不要なネタ（不要な在庫）を持たず、さらに個別注文することなくレーンから手に取ってもらうことで提供時間の短縮（在庫からの出荷によるリードタイムの短縮）を実現できました。

　この回転寿司の事例と同様に、**SCMにおいても、リアルタイムデータを活用し、スピーディな対応を行うことができます**。以下では、SCMへのリアルタイムデータの活用事例を3つご紹介します。

221

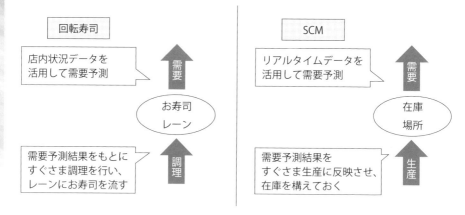

図7.5　回転寿司とSCMへのリアルタイムデータ活用

● **需要予測へのリアルタイムデータ活用事例**[2]

　リアルタイム人口統計データ（周辺に現在どんな人が何人いるのか）を需要予測に活用している事例があります。例えば、飲食店ではリアルタイム人口統計データを活用し、来店客数や商品の需要を予測しておくことで、店内準備を前もって行うことができます。

　また、POSデータを活用し、市場での大きな需要変動を捉え、いち早く生産や補充に反映することもできます。

● **在庫管理へのリアルタイムデータ活用事例**[3][4]

　IoTデバイスの発展によって、在庫データをリアルタイムに取得できるようになり、活用している事例があります。例えば、液剤タンクの残量を在庫とする場合です。液剤タンクの残量をIoTデバイスでリアルタイム監視し、タンク内の残量が減ってきたら補充アラートを出すというような仕組みを取っているところもあります。

　また、同じような取り組みが自動販売機でも行われています。自動販売機の在庫データを収集し、在庫がなくなったらメールで通知を送るというわけです。

● **機械管理へのリアルタイムデータ活用事例**[5][6]

　工場などでは、リアルタイムデータとしてセンサーデータを活用している事例があります。センサーデータを活用することで、機械の不具合を検知したり、故障を予め予測したりすることで、早い段階で生産計画の修正を行うことができます。また、こうした不具合・故障などの異常検知については、AIとの相性が良

第7章 これからの需給マネジメント

く、センサーデータをAIへインプットし、AIによって異常検知を行っている事例もあります。

　他にも、複合機の稼働データをリアルタイムで収集し、適切なメンテナンス時期を決めることで、複合機のダウンタイム(障害が発生して使用できない時間)を短くしているという事例もあります。

　近年、ありとあらゆるものがデータ化されつつあり、**これまではデータとしてすぐに取得できなかったものが、リアルタイムデータとして取得可能**になってきています。さらに、AIの発展により、リアルタイムデータの活用方法も増えていくと思われます。

（1）スシロー活用事例：「回転すし 総合管理システム」（閲覧日：2024/9/17）
　　http://www2.cgu.ac.jp/kyouin/takahashi/siryou/jouhou_syokugyou/sushiro.pdf
（2）需要予測へのリアルタイムデータ活用事例：論文リアルタイム人口統計情報を用いた店舗需要予測における高需要帯の精度改善（閲覧日：2024/9/17） https://ipsj.ixsq.nii.ac.jp/ej/?action=repository_action_common_download&item_id=195718&item_no=1&attribute_id=1&file_no=1
（3）在庫管理へのリアルタイムデータ活用事例：オプテックス株式会社（閲覧日：2024/9/17）
　　https://www.optex.co.jp/solutions/tank_solution.html
（4）在庫管理へのリアルタイムデータ活用事例：株式会社KIS（閲覧日：2024/11/20）
　　https://www.kis.co.jp/solution/private/ilibra/
（5）機械管理へのリアルタイムデータ活用事例：Laboro.AIコラム（閲覧日：2024/9/17）
　　https://laboro.ai/activity/column/laboro/failure-prediction/
（6）機械管理へのリアルタイムデータ活用事例：キヤノン株式会社（閲覧日：2024/11/20）
　　https://global.canon/ja/technology/frontier20.html

- リアルタイムデータを活用することでSCMにおいてスピーディーな対応が可能
- 近年のデータ化の進展により、取得できるリアルタイムデータの幅が広がっている

7-8 SCM課題の解決に有用な新技術③

自動運転・ドローンを活用した物流リソース拡大

　近年、トラックの配送能力の低下が大きな問題となっています。その原因としては、「7-4項　今後取り組んでいくべき課題④」で取り上げた労働力不足の他に、2024年問題と呼ばれるトラックドライバーの労働時間の見直しがあります。この問題の解決策の1つとして、**自動運転トラックやドローン配送のような、ドライバー不要の配送**について、お話ししたいと思います。

　まず、自動運転トラックによる配送についてです。日本でも自動運転機能搭載の自動車が普及しつつあり、実際に乗られている方もいるのではないでしょうか。自動運転のレベルは国際的な基準としてレベル1〜5の5段階に区分されています（**表7.1**）。2024年現在、日本ではレベル3での自動運転サービスの提供が開始されており、2025年度を目途に、高速道路での自動運転レベル4の実現を目指しています。

　今後、貨物輸送トラックにおける**レベル4、レベル5の自動運転サービスが可能**になれば、現在の運転よりもドライバーの負担が減り、より長時間の連続乗車が可能になります。それにより、労働時間の上限が再び引き上げられるといった労働条件の見直しが発生すれば、配送効率が向上する可能性があります。また、ドラ

表7.1　自動運転レベル

レベル	概要	運転操作の主体
レベル1	システムがアクセル・ブレーキ操作またはハンドル操作のどちらかを部分的に行う	ドライバー
レベル2	システムがアクセル・ブレーキ操作またはハンドル操作の両方を部分的に行う	ドライバー
レベル3	特定の条件下でシステムが全ての運転操作を行うただし、システムが出した介入要求に対して、ドライバーが適切に対応することが必要	システム（システムが介入要求を出した時はドライバー）
レベル4	特定の条件下でシステムが全ての運転操作を行う	システム
レベル5	条件なく、システムが全ての運転操作を行う	システム

イバーの疲労や注意散漫といった人的要因による事故のリスクも少なくなります。

　ここで、自動運転トラックによる配送の取り組みの1つをご紹介します。宅配便事業を展開する佐川急便と貨物自動車運送事業を展開するセイノーホールディングスは、2024年10月から2025年6月にかけて、東京～大阪間で、T2が開発した自動運転トラックを用いた幹線輸送[1]の実証実験を行う予定となっています（2024年8月時点）[2]。この取り組みは、レベル4自動運転トラックによる幹線輸送実現に向けての大きな一歩となることでしょう。幹線輸送において、高速道路でのレベル5の自動運転が可能になると、1人が輸送する距離が削減され、ドライバーの負担を削減することができます（**図7.6**）。

　次に、ドローン配送についてです。ドローンは空撮や災害調査などで用いられており、物流業界においてもドローンによる配送サービスが検討されています。ドローン配送には、**表7.2**に示すようなメリットとデメリットがあります。

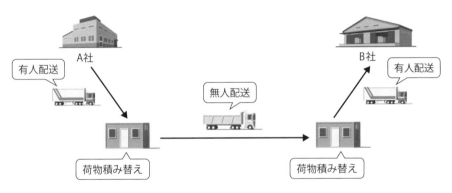

図7.6　自動運転による配送イメージ

表7.2　ドローン配送によるメリットとデメリット

メリット	デメリット
・渋滞などの交通状況に左右されないため、配送遅延がなくなり、配送スピード向上 ・山間部やカーブの多い地域など運搬が困難なルートでも、短時間で配送が行える ・道路がない場所や被災地への運搬、海上や離島など陸送では困難なエリアへ配送可能 ・ドライバーの人件費、トラックの維持費が不要となるため、配送コスト削減可能	・大型の荷物や非常に重い荷物の配送が困難 ・重い荷物を載せると、バッテリーの消費が激しくなるため、配送距離が短くなる ・墜落の恐れがある ・大雨、大雪、強風時の配送が困難

ドローン配送のデメリットを緩和するため、例えば以下について検討する必要
が出てきます。

◆ 重量制約を考慮した配送計画
◆ 天候を考慮した配送タイミングの調整方法
◆ バッテリーの消費が少ない荷物配送経路探索

　さて、ドローン配送の取り組みにはどのようなものがあるのでしょうか。ここ
では、日本郵便と花王の事例を紹介します。

　日本郵便では、2023年3月に日本で初めて有人地帯における目視外飛行[3]によ
る配送トライアルを実施しました[4]。東京都西多摩郡奥多摩町の郵便局から、片
道4.5kmほど先にある山間部の住宅まで、予め設定されたルートを飛行し、約
1kgの荷物を配送して郵便局まで戻ることに成功しました。有人地帯における目
視外飛行によって、効率的な飛行ルートを設定することが可能になり、有人地帯
を迂回する場合より飛行距離や飛行時間を短縮することに成功しました。これに
より、目視外飛行において安定した飛行を実現し、短時間で安全に荷物を運べる
ことを確認できました。

　また、花王では、2023年9月に兵庫県養父市の山間部において、ドローンの自
動運行技術を用いた一括輸送ならびに自動搬送ロボットと連携した配送無人化を
狙う実証実験を実施しました[5]。あるスーパーマーケットから山を1つ隔てた直
線距離で約2km先の中学校まで、重量運搬が可能な大型ドローンを活用し、約
15kgの日用品を一括輸送することに成功しました。これにより、山越えにおけ
る電波の安定性と、商品を積載したドローンの飛行安定性についても一定程度確
認できました。

　このように、自動運転トラックやドローン配送によってドライバーが不要とな
り、自由な配送ができるようになる一方、万が一、無人のトラックやドローンに
よって事故が起こってしまった場合の責任は誰が負うのかといった問題がありま
す。安心安全に荷物を運ぶためには、様々な状況やシチュエーションを考慮し
て、法整備も進めていく必要があります。日本でも法改正が進められており、
2023年4月に一定条件下における自動運転レベル4の自動車の公道走行が認めら
れました。

　自動運転トラックやドローン配送の実用化に向けて、日々研究や実証実験がさ

れています。近い将来、時間や距離の制約などを考慮せずに配送計画を立案でき、いつでも、どこでも、荷物が受け取れるようになるかもしれません。

(1) 幹線輸送：大量の荷物を1ヶ所に集め、大型トラックなどの輸送手段を使って別の拠点までまとめて運ぶこと。
(2) PR TIMES：（閲覧日：2024/9/12） https://prtimes.jp/main/html/rd/p/000000012.000110471.html
(3) 目視外飛行：操縦者がドローンを直接目視しない状態で飛行させること。
(4) JP CAST：（閲覧日：2024/9/12） https://www.jpcast.japanpost.jp/2023/06/350.html
(5) 花王　ニュースリリース：（閲覧日：2024/9/12）
https://www.kao.com/jp/newsroom/news/release/2023/20231026-001/

- 配送能力低下の解決策の1つとして、自動運転トラックやドローン配送がある
- 自動運転により、ドライバーの負担が減り、労働条件の見直しが発生すれば、配送効率が向上する可能性がある
- ドローンを使えば、道路状況に左右されず様々な場所へのスピーディーな配送を実現できるが、大型の荷物を運べないなどのデメリットもある

7-9 SCM課題の解決に有用な新技術④

デジタルツインを活用したVUCA時代のサプライチェーン最適化

　私たち消費者は、スマートフォンさえあれば注文した商品が速やかに自宅に届けられることを知っています。そして、日常的にそうしたサービスを利用し、自宅に居ながらにして欲しいものを手にするという光景をありふれたものとして受け取っています。また、スーパーマーケットに行けばいつでも新鮮な肉や魚、野菜、果物をはじめ、様々な種類の調味料やお菓子を買うことができます。消費者のニーズを満たす商品やサービスを供給してくれるサプライチェーンは、私たちの生活になくてはならないものです。

　サプライチェーンは、原材料の調達から消費者への提供という一連の流れを指すもので、そこには様々な企業が関わっています。速やかな供給や適切な在庫管理のためには、多数の企業により構成されるサプライチェーン全体に対して最適な意思決定を行う必要があります。また、今後サプライチェーンのグローバル化が進み、より一層複雑さを増すと考えられます。過剰生産や供給不足といった問題を解決し、コスト削減や売り上げ拡大を実現するためには、**複雑なサプライチェーン全体を最適化**する必要があるのです。

　また、コロナ禍のようなパンデミック、自然災害、戦争や紛争といった不測の事態により、サプライチェーンが停滞する可能性があります。こうした予測困難な状況のことを、変動性（Volatility）、不確実性（Uncertainty）、複雑性（Complexity）、曖昧性（Ambiguity）の頭文字をとって「VUCA」と表現します。**最適なサプライチェーンを維持するためには、ビジネス環境の大きな変化に迅速に対応できることが求められる**のです。

　デジタルツインは、サプライチェーンの最適化や環境変化への対応を実現するための注目されているツールです。

デジタルツインによるサプライチェーンの最適化

　デジタルツインとは、現実空間（フィジカル空間）から収集した様々な情報を使って、仮想空間（サイバー空間）上に現実空間を再現する技術です。現実空間

に存在する製品や設備の情報、環境データなどを、カメラやセンサといったIoT技術を活用してリアルタイムに収集し、蓄積したデータをもとに仮想空間内に現実空間を再現して、詳細な分析や現実に近いシミュレーションを行うことができます（図7.7）。デジタルツインを活用することで、物理的な状態をリアルタイムに監視や分析、シミュレーションできるため、業務の効率化が可能となります。

すでに活用が進んでいる製造業の例を挙げると、生産ラインに取り付けられた各種センサー情報をリアルタイムに収集・分析することにより、工場設備の状態を仮想空間上にて詳細に把握することができ、必要な時に適切なメンテナンスを行うことで、作業にかかる手間や時間を削減することが可能になっています。また、仮想空間でのシミュレーションにより、実際にプロトタイプを製作しなくても様々な試験を実施することができるため、コスト削減や製品開発の時間短縮が実現できます。

デジタルツインは、リアルとデジタルを繋げる技術として今後ますます重要性が高まるものと予測されており、様々な業界で利用が進みつつあります。そして、VUCAとして表される環境変化への対応を背景に、サプライチェーン最適化にも活用が広がっています。

デジタルツインを使用することでサプライチェーン全体を可視化できるため、

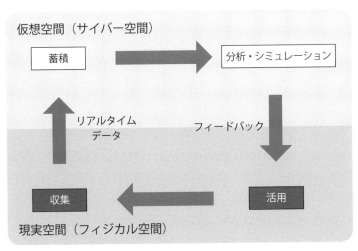

図7.7　デジタルツインのイメージ

サプライチェーンの現状把握や見直しが可能になります。現状のサプライチェーンにおける問題点やリスクを特定し定量化した上で、対応施策の検討や効果の検証を行うことができます。例えば、製造設備の処理能力や製造リードタイム、生産拠点の増減などによる変化をシミュレーションし、事前に検証できるのです。サプライチェーン見直し案の中で最も効果の高いものを見つけ出し、最適なサプライチェーンを構築できるようになります。

　また、不測の事態を想定したシナリオを予め検討しておくことで、トラブル発生時の原因分析と対策立案を効率的に行うことができるため、サプライチェーンに何らかの問題が発生した場合も、迅速かつ適切な対応ができるようになります。予めトラブルの発生を想定して、供給や生産の体制変更、物流経路の代替案を検討しておけば、有事の際にそれらを迅速に実行することもできます。急変する需要への対応や欠品による機会損失、製造設備の故障、製品不具合の発生、自然災害発生時の混乱といった問題にも速やかに対応できます。

　デジタルツインは、効率性や安定性、可用性を重視した最適化されたサプライチェーンだけでなく、予測困難な環境変化に対応できる強靭なサプライチェーンの構築を可能にします。VUCA時代のビジネス継続に求められる、耐障害性や回復性を備えた継続的なサプライチェーンの構築や運用に不可欠な技術です。

サプライチェーンに競争力をもたらす技術

　デジタルツインでは、現実空間でリアルタイムに収集した様々な情報を蓄積していますが、この膨大なデータをもとにAIや機械学習を活用することによりデジタルツインの機能を強化することができます。例えば、在庫の最適化や配送ルートの最適化、故障予測シミュレーションによる予測精度改善、消費者ニーズの変化を加味したAI需要予測などを行うことで、サプライチェーンの競争力を高めることができるでしょう。

　また、デジタルツインで構築した仮想空間をXR（Cross Reality：クロスリアリティ。AR[(1)]やVR[(2)]の総称）技術で可視化することが可能です。これにより、例えば実際には体験することが難しい現場での作業を、仮想空間上で体験することができ、作業者のスキルアップに活用できます。また、監視する予定の設備を仮想空間上で再現させ、シミュレーション結果を遠隔地の人々と共有することもできます。仮想空間上で様々なデータを共有、連携可能となることで、サプライチェーンを構成している各企業や異なる地域の人々が、「共創」を進めることも

第 7 章　これからの需給マネジメント

可能です。仮想空間と人とを高い次元で融合させるXR技術は、デジタルツイン
を有効活用するためのカギと言えます。

　デジタルツインとAIや機械学習、XR技術を上手く活用することによりサプラ
イチェーンの競争力を高めたり、効率化をさらに進めたりすることが可能となり
ます。サプライチェーン全体を最適化し、供給の安定性と効率性を実現すること
で、顧客満足度の向上が期待できるでしょう。

（1）AR（Augmented Reality：拡張現実）：スマートフォンやカメラで撮影した画像に、CG映像を合
　　成してデジタル情報を付加する技術。
（2）VR（Virtual Reality：仮想現実）：コンピュータ上に再現された仮想空間を現実であるかのように
　　体感できる技術。

Point

- サプライチェーン全体の最適化と環境変化への対応が課題となっている
- 仮想空間上に現実空間を再現するデジタルツインがサプライチェーン最適化に活用されつつある
- デジタルツインの利活用を進め、サプライチェーンの競争力を高めることで顧客満足度の向上に繋がる

231

これが需給の現場の実態!?

リアルすぎる需給辞典

せいはんちょうせいかいぎ【製販調整会議】

　需給上の問題の責任を不明確にするために、製造部門、営業部門、企業によっては需給部門が一堂に会して月または週に1度、催される会議。生販調整会議。需給調整会議。S＆OPミーティング。

　例：明日の**製販調整会議**の資料がまだできていない。

　製販調整会議は日本の製造業の多くで運用されており、円滑な需給調整を行う上で重要な役割を果たしています。その一方で、会議で使用する資料の準備に時間がかかる、会議が形骸化しており十分に機能していない、といった課題を抱えている企業もあるようです。

　その原因の1つに、部門間で利害が対立した時に意思決定できる上位者が出席しておらず、調整に終始していて問題解決や意思決定の場になっていないということがあるのではないかと思います。

　ちなみに私の家の家族会議では絶対的権限を持った上位者が常に出席しているため、迅速な意思決定がなされています。

おわりに

　サプライチェーン上における個々の製造・流通・販売といった業務に必要なデータの取得・共有が可能になり、SCMの考え方が浸透し、改善が進んでいることは間違いありません。しかし、実際の現場では、本書内で紹介したような問題や課題がまだまだ残っています。

　様々な業種や立場の例を用いて多くの問題を紹介しましたが、全ての方に全ての問題が当てはまるわけではありません。業界や企業規模によって問題の有無や大小は異なるでしょう。また、個々の問題の内容についても、「うちはそんなに単純じゃない」「そうはいっても理想論だ」「現実には人のしがらみがある」といったご意見もあるかもしれません。

　大事なのは、問題の本質を理解すること、およびどのような解決策があるのか問題に対するアプローチを知ることです。改めてご自身の業務を俯瞰し、同じ問題が潜んでいないかを探し、解決策を照らし合わせていただきたいです。難しい解法を用いることでようやく解決した、というケースは案外少なく、今回紹介したような基本的な解決策が適用できることも多いです。

　社会での仕事に対する取り組み方や姿勢も変わってきています。コンプライアンスが求められるようになり、自社の社員に無理を強いたり、相手の会社に無理をかけて利益を追求したりするようなことは許されなくなってきています。社会のルールや相手の立場をきちんと守りながら効果を上げる、ということがより重視される世の中になっており、個別最適ではなく全体最適を目指すSCMの考え方はさらに重要になっていくでしょう。

　本書の第6章までで紹介したような事例への対応も引き続き重要と考えますが、第7章で紹介したような社会の変化や新しい技術の登場により、課題や解決方法も変わってくると予想されます。基本の考えを習得した上で、これからの問題にどう対処するかの土台を作っていただきたいです。SCMに興味を持った方

や実務に携わる皆さまにとって、本書との出会いが、学びの一助、またより深い学びへのきっかけとなることを願っています。

　一方、これまでに経験のない業種の事例、問題については書くことができませんでした。今後はより広くSCMに携わり、また新たな問題や解決策を皆さまに紹介することを目指していきます。

　現在の日本は人口が減少しているとは言え、世界的にもGDPは上位であり、産業の規模は大きいと言えます。様々な製品や商品について、生産者から消費者に届くまで多くの人が関わる中、安定したモノの流れを実現するためにはSCMや需給マネジメントの考え方は不可欠です。これまで縁あって様々な企業のSCMや需給マネジメントに携わり、改善のための活動を支援してきましたが、SCMや需給マネジメントの考え方が十分に普及しているとは言えません。あらゆる産業の実務に携わる方々に考え方が広まることで、サプライチェーンに関する業務の効率化やコストの削減に繋がり、ひいては各企業は商品開発など直接的に価値を生む活動に対し、より多くの経営資本を投入できるようになることを期待します。

　本書の執筆に当たり、西田大氏、稲田陽光氏をはじめ、弊社数理技術部、ソリューション開発技術部およびビジネスサイエンス部の皆様には、多くの助言と支援をいただきました。ここに厚く感謝申し上げます。また、出版に際しては、弊社企画本部の皆様に多大なるご尽力を賜りましたこと、心より御礼申し上げます。

　さらに、これまで弊社が関わった各企業の方々から学んだこと、経験させていただいたことを活かして本書を執筆することができました。厚く御礼申し上げます。

　最後になりましたが、本書出版の機会を与えてくださいました日刊工業新聞社の皆様に、心より感謝申し上げます。

参考文献

【書籍】

- 『在庫管理のための需要予測入門』淺田 克暢・岩崎 哲也・青山 行宏 著、キヤノンシステムソリューションズ株式会社数理技術部 編集、東洋経済新報社、2004/12/22
- 『基礎から学べる！ 世界標準のSCM教本』山本 圭一・水谷 禎志・行本 顕 著、日刊工業新聞社、2021/3/30
- 『ダイナミック・サプライチェーン・マネジメント レジリエンスとサステナビリティーを実現する新時代のSCM』株式会社クニエ SCMチーム 著、日経BP、2022/11/3

【Webサイト】

- 「登録販売者・医療事務・調剤事務の求人・転職・募集【チアジョブ登販】」メディカルリソース
- 「F-Style Magazine」ファイナンシャルスタンダード
- 「世界経済評論IMPACT」文眞堂
- 「日経電子版」日本経済新聞社
- 「WIRED」コンデナスト・ジャパン

〈著者略歴〉

五島　悠輝（ごしま　ゆうき）

キヤノンITソリューションズ株式会社　R&D本部　数理技術部所属。慶應義塾大学理工学部情報工学科卒業。食品製造業を中心に需給計画システム導入案件およびコンサルティング業務に従事。

担当テーマ：「6-1項　迫りくる出荷期限」、全テーマの編集・校正

多ヶ谷　有（たがや　ゆう）

キヤノンITソリューションズ株式会社　R&D本部　数理技術部所属。早稲田大学大学院理工学研究科修了。オペレーションズリサーチを専攻し、製造業を中心に需給計画システム導入案件およびコンサルティング業務に従事。

担当テーマ：「はじめに」「1-1項　SCMとは」「3-5項　どれだけできるか作ってみないと分からない？」「4-4項　この前の発注分、いつ届く？」「4-6項　グローバルなサプライチェーン」「おわりに」

永井　杏奈（ながい　あんな）

キヤノンITソリューションズ株式会社　R&D本部　数理技術部。大阪府立大学大学院理学系研究科修了。日用品メーカー、外食業を中心に、需給計画システム導入案件およびコンサルティング業務に従事。

担当テーマ：「2-5項　今月の期間限定おすすめメニュー」「2-9項　ある日突然、大人気」「2-10項　上手く活用できない特売情報」「3-4項　資材はいつ、いくつ必要？」「4-5項　部長！　その発注、ちゃんと確認してくれましたか？」「6-5項　本社からは見えない店舗の冷蔵庫」

八鳥　真弥（やとり　まさや）

キヤノンITソリューションズ株式会社　R&D本部　数理技術部。神戸大学大学院システム情報学研究科修了。製造業、流通業を中心に需給計画システム導入案件に従事。

担当テーマ：「2-11項　その出荷実績、需要予測に使えますか？」「3-1項　そんなに一気に作れません！」「4-1項　少量発注お断り」「5-1項　トラックの荷台が溢れたり、スカスカだったり」「6-3項　今、出荷できる在庫はいくつ？」「7-8項　SCM課題の解決に有用な新技術③　〜自動運転・ドローンを活用した物流リソース拡大〜」

淺田　克暢（あさだ　かつのぶ）

キヤノンITソリューションズ株式会社　R&D本部　数理技術部。神戸大学大学院工学研究科修了。「需給マネジメント」の普及を目指し、50社以上の需給計画システム導入案件およびコンサルティング業務に従事。著書『在庫管理のための需要予測入門』

担当テーマ：「1-2項　需給マネジメントとは」「5-2項　倉庫が一杯です」「6-4項

VMIは責任重大」「7-5項　今後取り組んでいくべき課題⑤　〜SCM人材育成〜」「リアルすぎる需給辞典」

岩崎　哲也（いわさき　てつや）

キヤノンITソリューションズ株式会社　R&D本部　ソリューション開発技術部。京都大学大学院工学研究科修了。需給計画システムコンサルティング業務および需給計画システムパッケージソフトの開発に従事。著書『在庫管理のための需要予測入門』
担当テーマ：「2-1項　新商品の需要予測は職人技？」「2-2項　リニューアル品はどれだけ売れる？」「2-3項　キャンペーン中は複数商品に分身」「2-8項　取引先が増えたり減ったり」

武田　勝徳（たけだ　かつのり）

キヤノンITソリューションズ株式会社　R&D本部　数理技術部。香川大学大学院工学研究科信頼性情報システム工学科修了。博士（工学）。製造業を中心に需給計画システム導入案件およびコンサルティング業務に従事。
担当テーマ：「2-4項　オプション品はどれだけ必要？」「2-6項　街の自転車屋さんと直営ECで売れ方が違う!?」「3-3項　そのまま出荷？　組立に使用？　半製品の管理」

青山　行宏（あおやま　ゆきひろ）

キヤノンITソリューションズ株式会社　R&D本部　数理技術部。大阪府立大学大学院工学研究科修了。製造業、流通業を中心に需給計画システム導入案件およびコンサルティング業務に従事。著書『在庫管理のための需要予測入門』
担当テーマ：「4-3項　複数社からの仕入れは大変！」

稲葉　由倫（いなば　よしとも）

キヤノンITソリューションズ株式会社　R&D本部　ソリューション開発技術部。京都工芸繊維大学大学院工芸科学研究科修了。製造業を中心に需給計画システム導入案件に従事。
担当テーマ：「6-6項　在庫入れ替えにつき半額処分」「6-7項　豊富すぎる品揃え」「6-8項　面倒だけどやらないといけない棚卸」「7-9項　SCM課題の解決に有用な新技術④〜デジタルツインを活用したVUCA時代のサプライチェーン最適化〜」

大下 吾朗 (おおした ごろう)

キヤノンITソリューションズ株式会社 ビジネスイノベーション推進センター ビジネスサイエンス部。関西大学大学院総合情報学研究科修了。需給計画システム導入案件およびコンサルティング業務に従事。

担当テーマ:「3-2項 現場の苦労を知らない計画マン」「4-2項 いつ、どれだけ発注すれば良いの?」「5-3項 あっちの倉庫は在庫過剰、こっちの倉庫は在庫不足」「6-2項 許されないロット逆転」

可知 怜也 (かち りょうや)

キヤノンITソリューションズ株式会社 R&D本部 数理技術部。大阪大学大学院情報科学研究科修了。AIを活用した需要予測に関する研究・開発や需給計画システム導入案件およびコンサルティング業務に従事。

担当テーマ:「2-7項 天気と需要は気まぐれ」「7-1項 今後取り組んでいくべき課題① ～持続可能なサプライチェーン～」「7-6項 SCM課題の解決に有用な新技術① ～AIを活用した計画精度向上～」

石川 達也 (いしかわ たつや)

キヤノンITソリューションズ株式会社 R&D本部 数理技術部。早稲田大学創造理工学部経営システム工学科卒業。鉄道業界向け収益管理システムPoCおよび開発、食品製造業向け需給計画システム導入PoCに従事。

担当テーマ:「7-3項 今後取り組んでいくべき課題③ ～急速に変化する現在の市場～」

宮内 厚貴 (みやうち あつき)

キヤノンITソリューションズ株式会社 R&D本部 数理技術部。大阪府立大学大学院理学系研究科修了。製造業を中心に需給計画システム導入案件に従事。

担当テーマ:「7-2項 今後取り組んでいくべき課題② ～カーボンニュートラルとグリーンSCM～」「7-7項 SCM課題の解決に有用な新技術② ～リアルタイムデータを活用したスピーディーな対応～」

瀬高 慈裕 (せたか よしひろ)

キヤノンITソリューションズ株式会社 R&D本部 数理技術部。明治大学大学院理工学研究科修了。需要予測に関する研究や需給計画システム導入案件に従事。

担当テーマ:「7-4項 今後取り組んでいくべき課題④ ～人口減少社会におけるリソース不足～」

事例で解決！
SCMを成功に導く需給マネジメント　　　　　　NDC336.6

2024年12月24日　初版第1刷発行　　　　　　（定価はカバーに
　　　　　　　　　　　　　　　　　　　　　　　表示してあります）

　　編　　者　　キヤノンITソリューションズ株式会社R&D本部数理技術部
　　著　　者　　五島　悠輝・多ヶ谷　有・永井　杏奈・八鳥　真弥
　　　　　　　　©2024キヤノンITソリューションズ株式会社
　　発行者　　井水　治博
　　発行所　　日刊工業新聞社
　　　　　　　〒103-8548　東京都中央区日本橋小網町14-1
　　電　　話　　書籍編集部　03（5644）7490
　　　　　　　　販売・管理部　03（5644）7403
　　Ｆ Ａ Ｘ　03（5644）7400
　　振替口座　00190-2-186076
　　Ｕ Ｒ Ｌ　https://pub.nikkan.co.jp/
　　e-mail　　info_shuppan@nikkan.tech
　　印刷・製本　新日本印刷㈱

落丁・乱丁本はお取り替えいたします。　　　2024　Printed in Japan
　　　　　　　ISBN 978-4-526-08361-7
本書の無断複写は、著作権法上の例外を除き、禁じられています。